‖ 인문교양총서 36

유신과 대학

●

이경숙

인문교양총서 036

유신과 대학

이경숙 지음

역락

<유신과 대학> 연표

대 학		사 회
<대학 개혁>		
6. 세계대학총장회의(서울)		1.12사태
11. 대학입학예비고사령 제정 공포		
<대학 일반>	1968	4. 향토예비군 창설
2. 반공교육강화책 수립		10. 무장공비침투
12. 국민교육헌장 반포		
12. 과학기술개발 장기종합계획안 마련		
1. 국회문교행정특별감사		
2. 장기종합교육계획심의회 발족	1969	10. 삼선개헌안 국민투표
6. 학생군사교육실시령 제정 공포		통과
4. 15년 장기종합교육계획 발표		
5-6. 평가교수단 확대	1970	11.13 전태일 분신
5. 전국대학 교련실기대회		
8. 대학제도개혁위원회 출범		
9. 교육정책심의회 고등교육분과위원회		
구성		4.27 대선
1학기 교련반대시위	1971	10.15 위수령 발동
4. 재일교포유학생간첩단사건 발표		12.6 국가비상사태선포
8. 대학자주화선언		
10.15 학원안정화 조치 발표		
'고등교육개혁을 위한 연구와 준비의 해'		
6.27 대학교육개혁기본방안 발표		제3차경제개발 착수
10. 실험대학 1차 선정		7.4 남북공동성명
1학기부터 등록금 자율화	1972	10.17 유신 선포
3. 전국교육자대회		12.23 대선간선
8. 한국교육개발원 설립		

'고등교육 개혁실천의 해'
10. 특성화학과 1차 선정
문교/장학방침 '국적 있는 교육'
10. 대학생 유신반대시위

1973

8. 김대중 납치사건
12. 유신헌법철폐개헌청원운동

'고등교육개혁 프로그램 확대의 해'
민청학련 사건
대학생 유신반대시위

1974

1-4. 긴급조치 1-4호 발동
8.15 육영수 피살사건

실험대학 20개대,
특성화 52개학과 운영 중
6.7 학도호국단 창설
2학기 교련강화지침시행

1975

4.8 긴급조치 7호 발동
4.30 베트남전 종전
5.13 긴급조치 9호 발동

2. 교수재임용 460명 탈락
국민윤리 등 교양필수과목
학생기록부안 제출

1976

4. 특성화공대 1차선정(4개대)
7. 재수생 종합대책 확정

1977

제4차경제개발 착수

실험대학 5개년 종합평가
전문대학 개편
10. 대학입학정원 증가 발표
6. 우리의 교육지표 선언

1978

7.6 통일주체국민회의, 제2차
대통령 간선
8.11 YH무역사건
10. 제2차 석유파동

실험대학 39개교,
특성화공대 6개대 운영 중

1979

10.16 부마항쟁
10.26 박정희 사망

차례

감사의 말

유신시기의 대학 공문들을 볼 기회가 있었다.
마주한 문교부의 수많은 지시들은
대학의 자유를 고민하는 계기였고,
이 글을 쓰게 되었다.

출간기회를 준
경북대학교 인문대학과 심사위원 두 분,
그리고 부족한 글을 함께 토론해준
대학사연구팀, 세 분의 연구자 지인에게 감사드린다.

1. 들어가며

　가장 불의한 정부가 관공서마다 '정의사회구현' 간판을 내걸었듯이, 가장 막강한 독재의 시대에 정부는 대학 자율을 외쳤다. 1971년 9월 박정희 정부는 고등교육개혁을 구상하면서, 자율을 앞세운 대학개혁의 시작을 알렸다. 그리고 한 달도 채 안 돼서 이른바 '10.15 학원안정화 조치'를 발표하고 곧바로 '불순'한 대학생 1,889명을 연행하고 175명을 제적하고 '불온'한 대학서클 74개를 강제해산했다.[1]

　일 년 후인 1972년 10월 17일, 대통령은 비장하게 '일대 유신적 개혁'을 선포하고 비상계엄령을 내렸다. 헌법은 정지되고 국회도 해산되고 대학들은 휴교 당했다. 유신과 함께 찾아

---

[1] 경향신문 1971.10.23 대학가진통 1주 ; 연행인원, 해산된 서클 수 등은 차이가 없으나 제적생 수는 자료마다 차이(163명, 174명, 175명, 177명 등)가 있다. 문교부에서조차 발표하는 시각(163명(1971.10.18일), 182명(장관, 1972년) 등)에 따라 차이가 있다.

온 휴교는 유신정권이 대학을 통치하는 방식을 상징했다. 유신 선포와 동시에 모든 국민들은 '명랑한 생활'과 '사회질서 확립'을 위해 제 자리를 지켜야 했지만, 유일하게 대학생들만은 학교를 떠나 집으로 돌아가야 했다.[2]

이런 유신체제 아래 박정희 정부는 해방 후 처음으로 가장 체계적이고 장기적인 고등교육개혁에 착수했다. 당시 추진한 개혁방안이 현 대학체제의 바탕이 되었다. 유신정권 아래 대학은 어떻게 개혁되었고, 유신정권은 대학개혁을 위해 어떤 방식으로 대학운영에 개입하였는가. 그리고 유신시대의 대학 정책과 운영은 대학사회에 무엇을 남겼는가.

한국의 대학은 급속한 성장의 진통을 거치고 이제 막 새로운 시작을 앞둔 시점이다. 해방 직후 미군정이 엄청난 반발 속에 내놓은 국립종합대학안과 대학들의 승인승격을 통해 고등교육의 기반을 놓았다면, 칠팔십 년대에는 권력을 쿠데타로 잡았던 정권이 막강한 국가권력으로 대학의 성장과 통제를 이끌었다. 그리고 현재 대학들은 줄어드는 청년세대와 글로벌화 된 세계문화 속에서 제각기 시장권력과 평가권력을 직면하고 있다. 그동안 진학률 5%도 안 되던 엘리트 교육기관이 70%를 훌쩍 넘은 대중교육기관으로 변모했다.

한 때 교수가 부족했던 시절을 지나 현재는 교수희망자 과

---

[2] 대통령 특별선언 : 국가 비상사태 선언에 즈음한 특별 담화문, 1972.10.17 ; 포고 제1호 〈포고문〉, 1972.10.17

잉상태이다. 인원만 많아진 게 아니라 능력도 부단히 높아져 이공계열 교수와 연구진들은 세계 연구 인력들과 글로벌 협력체제를 구축하여 연구를 수행하고 있다. 교수사회의 주된 학문적 젖줄은 일본에서 미국으로 완전히 바뀌었다. 해방, 전쟁, 그리고 휴전과 분단을 다 거친 70여년 세월동안 한국의 대학도 한국사회가 압축성장 했듯이 압축성장해 왔다.

압축성장의 그림자도 짙다. 대학의 자유는 권력과 자본 앞에서 쉽게 흔들리거나 종속되어 왔다. 압축성장시기, 국가권력에 철저히 복무한 대학들이 개발과 성장의 기회를 얻었기에 대학과 지식인들은 쉽게 권력유착적 행위를 선택해 왔다. 권력 앞에 유독 약한 교수들은 압축성장의 단맛에 젖어 공공성을 상실할 때가 잦았다. 또한 역사의 질곡마다 대학생들이 사회민주화에 앞장섰지만 정작 대학 사회 안에는 아직도 비민주적이고 불평등하며 폐쇄적인 요소들이 온존하고 있다.

일상의 비민주화와 불평등은 학문의 공공성을 위협하고 대학 구성원들의 인권마저 침해하는 때가 여전히 많다. 여러 대학들은 대학의 자유를 방패삼아 불법과 편법도 마다하지 않았고 공적 책임을 회피하는 일도 사라지지 않고 있다. 지난 수십 년 압축성장의 혜택이 재벌과 수도권에 집중되었듯이, 대학들도 수도권의 거대대학 중심으로 특혜를 봤고, 혜택의 순서대로 대학들은 촘촘히 서열화 되었다. 압축성장의 빛과 그늘은 바로 유신정권기의 고등교육개혁에서 출발한다.

어떻게 볼 것인가

준전시체제를 구축한 유신

1971년은 무척 소란스러웠다. 1960년대의 정치적 혼란기를 막 벗어나 경제적으로 성장해가고 있던 시점. 그러나 1970년 11월 "노동법을 준수하라"는 전태일의 뜨거운 외침이 터져 나오면서 1971년 대한민국에는 민주화 요구가 분출했다. 4월에는 언론자유수호선언, 7월 사법부 파동, 8월 대학교수들의 대학자주선언이 쏟아져 나왔다.[3] 대학생들은 학기 초부터 계속 교련반대시위를 이어가면서 삼선에 도전하는 박정희의 대통령 당선을 위태롭게 했다. 박정희 정권을 위태롭게 하는 세력은 국내에만 있지 아니었다. 4월 대통령선거 한 달 전에 주한미군의 삼분의 일이 철수했고, 미국과 중국은 정상회담을 하겠다며 국제적 화해분위기를 형성했다.

이런 국내외 정세와 정반대 방향으로 박정희 정권은 질주했다. 삼선에 가까스로 성공한 박정희 정권[4]은 1971년 10월 15일 위수령을 발포하고, 12월 6일 국가비상사태를 선포했다. 1972년 변화된 국제질서 속에서 남북이 7·4 공동선언을 발표

---

[3] 안병욱, 유신체제와 반유신 민주화 운동, 『유신과 반유신』, 민주화운동기념사업회, 2005, 15쪽.
[4] 제7대 대통령 선거(1971.4.27)에서 경상도에서 압도적 표를 얻은 박정희는 53.2%, 대도시지역에서 승리한 김대중은 45.2%를 득표하였다. 1969년 삼선개헌 이후, 1971년 대통령 선거에서 박정희 후보는 다시는 국민에게 표를 달라고 하지 않겠다며 호소했고, 김대중 후보는 박정희 후보가 영구집권을 위한 총통제 구상 중이라고 비판했다.

했지만, 곧이어 10월 17일에는 헌법적 질서를 부정하는 유신을 선포했다. 명분은 변화된 국제정세 속에서 남북통일을 하자면 '비상한 체제'가 필요하다는 것이었다. 그 비상한 체제의 실체는 대통령을 간선으로 뽑고 대통령이 국회의원 1/3을 지명할 권리를 갖는 유신체제였다. 대통령이 행정권은 물론 입법권과 사법권까지 모든 권한을 실질적으로 장악하는 독재체제였다.

박정희 정권이 유신체제를 선언한 이유는 무엇이며, 유신체제의 성격은 어떠했는가? 선행연구들은 유신의 이유를 1인 독재체제를 구축하고 싶어 한 박정희의 정치적 야심에서 찾기도 하고, 국내외의 정치적 위기와 산업화 위기에 대응한 사회정치적 선택에서 찾기도 한다. 그리고 유신체제의 성격을 관료적 권위주의, 종속적 파시즘, 헤게모니 없는 강권적 독재, 대중의 참여와 열망에 기반 한 폭력체제, 군대식 총력동원체제 등으로 다양하게 설명해 왔다.[5]

김동춘은 이런 선행연구들을 비판적으로 검토하면서 유신을 "반대파를 절멸시키려는 적나라한 전쟁정치"로 규정하였다. 김형아는 유신체제 속에서 관료들의 역할에 주목하면서, 유신체제를 "정부기구를 본질적으로 전시와 유사한 상태로 바꾸고자 한 박정희의 메카니즘"[6]이라는 관점을 취했다.

---

[5] 김동춘, '간첩 만들기'의 전쟁정치 : 지배질서로서 유신체제, 민주사회와 정책연구 21, 2012, 149쪽.

유신을 둘러싼 다양한 논쟁점들이 있어,[7] 유신의 원인과 체제를 명확히 규정하는 일은 쉽지 않다. 보다 풍부한 자료와 긴 시간, 명쾌한 이론적 관점이 필요하다. 유신시대의 대학교육을 다루고자 하는 이 책은 저자 능력의 한계도 있고 책의 내용상 한계도 있어서 유신 규명이라는 무거운 과제는 선행연구들과 추후연구들에 의존하고자 한다.

다만 이 책이 유신을 바라보는 입장만 간략히 밝히면 이렇다. 첫째, 유신은 국내외 정세 변화를 빌미로 헌법을 파괴하고 준전시체제를 구축한 행위였고, 이 체제를 운영하는 절대적 권력은 대통령에게 있는 독재체제였다. 독재체제 아래서 국가는 곧 정권으로 치환되었고, 정권이 추구하는 국가발전이란 개발논리에 따른 산업화 정책을 충실히 실행하는 것이었다.

---

6 김형아 지음, 신명주 옮김, 박정희의 양날의 칼날, 일조각, 2005, 239쪽.

7 유신은 오직 1인을 위한 독재체제였다고 보는 관점이 있는가 하면, 유신을 오직 1인 독재를 위한 체제로 보는 관점은 지나치게 사태를 단순화하는 것이며 정치적, 선택적, 구조적 요소를 고려해야 한다는 비판도 있다. 유신이 관료적 권위주의체제라는 입장에서도 박정희 1인을 넘어선 관료체제에 좀 더 무게를 싣고 있다. 그리고 유신을 파시즘으로 보는 시각도 있지만, 이 관점에 반대해서 유신시대에도 최소한 법적 절차가 지켜졌으며 대중동원과 대중지지의 규모와 성격이 파시즘과 다르다는 사실을 강조하는 입장이 있다. 국내의 경제적 상황과 국제사회의 변동에서 유신의 이유를 찾는 의견을 두고도 논란이 있다. 국가개발주의를 위해 유신과 같은 정치체제가 필요했다는 입장과 국가개발이 반드시 독재적 체제 아래서 이루어지는 것이 아니라는 반대입장도 있다. 이외에도 유신을 둘러싼 학계 논의는 출발점을 막 넘어선 상태이다. : 한홍구, 유신, 한겨레출판사, 2014 ; 임혁백, 유신의 역사적 기원 : 박정희의 마키아벨리적인 시간(상), 한국정치연구 13(2), 14(1), 2004, 223–258쪽 ; 임혁백, 유신의 역사적 기원 ; 박정희의 마키아벨리적인 시간(하), 한국정치연구 13(2), 2005, 115–146쪽.

둘째, 유신체제는 국민들의 모든 일상을 전적으로 정권의 의도대로 개조하고자 한 총체적 기획이었다. 박정희 대통령은 유신헌법을 막 통과시킨 1973년 연두교서에서 유신의 정신이 정치, 사회, 교육 등 모든 생활영역에 영향을 미쳐 국민들 스스로 자발적으로 새로운 사회질서를 구현하도록 강력히 촉구했다. 아마 메이지유신이 모든 방면에서 일본의 근대화를 이끈 정신이요 근거였다는 사실에서[8] 10월 유신도 메이지유신처럼 한국사회에 '일대 유신적 개혁'이기를 희망하였을 것이다. 그래서 정권은 국민들의 생활 전 영역에 대한 통제에 집착했다.

셋째, 유신이 국민정신의 개혁과 산업화를 강조한 만큼 교육제도의 변화를 반드시 동반해야 했다. 그 중 대학의 개혁은 유신정권의 이념적 차원과 산업화를 위한 실용적 차원 둘 모두에서 매우 중요했다.

넷째, 유신체제라고 국민들이 일방석으로 독재자의 의도대로만 사고하고 행동하지는 않았다. 국민들 역시 해방 후 높은 민족의식과 강한 국가에 대한 열망, 그리고 전쟁 후 반공의식과 피해의식을 깊이 품고 있었다. 그리고 가난에서 벗어나 잘 살고자 하는 강한 열망과 학벌을 통해 안전하게 계급사다리를 오르려는 사적 욕망이 꿈틀대고 있었다. 국민들의 욕망을

---

[8] 장인성, 메이지유신 현대 일본의 출발점, 살림, 2015.

정권은 국가에 귀속시키기를 강요했고, 국민들로서는 사적 욕망의 추구가 국가발전과 동일시되는 경험을 통해 민족중흥의 공적 긍지와 잘 살고자 하는 사적 욕망추구를 일시에 성취해 나갔다. 그러면서도 국민들은 사적 욕망을 추구할수록 비민주적이고 불평등한 사회를 직면하고 정권과 점차적으로 긴장상태에 놓이게 되었다. 이 긴장이 바로 민주화운동세력이 기층민중과 완전히 고립되지 않을 수 있는 중요한 기반이었다.

유신의 대학 : 산업화를 위한 국가의 대학

대학은 단순히 지식을 전수하는 곳은 아닙니다. 올바른 국가관을 가진 근대 산업 사회의 기능 간부와 민족 국가의 내일을 지도해 나갈 역군을 길러 내는 곳입니다.(박정희 대통령, 전국교육자대회에서, 1972.3)

대학은 국가발전을 위해 기여해야 한다는 확고한 입장을 대통령은 천명했다. 발언을 들으면 "공기가 아니라 마치 애국애족"을 들이마시고 사는 것 같았다던 박정희 대통령에게는 대학도 마땅히 애국애족을 위한 수단이어야 했다. 그의 대학관은 어디에서 어떻게 기인하였을까.

훔볼트가 정초한 베를린 대학은 근대 대학의 모태이다. 훔볼트에 따르면 대학은 교육과 연구의 기능을 동시에 수행해야 하고, 대학과 국가의 관계는 대학이 자유로운 연구를 통해 간접적으로 국가에 기여하는 형태여야 한다. 대학에 연구의 자유가 주어질 때 대학은 연구 성과를 통해 국가에 기여할 수 있으며, 국가의 개입은 대학의 자유를 보장해 주는 범위 내에서 가능하다는 입장이다. 이 입장은 대학이 국가에 종속된 기구가 아니라 사회공공적 영역으로 존립할 수 있는 이론적 배경이자, 근대 대학의 자유를 주장하는 근거이다.

그러나 산업혁명과 세계대전, 세계의 미국화를 거치면서 근대 대학들은 인문학 위주의 엘리트 교육기관이 아니라, 국가와 기업의 대규모 재정적 지원 아래 이공계 위주의 실용적 학문을 교육하고 연구하는 '맘모스' 대중기관으로 변화했다. 상호필요를 위한 대학과 국가와 기업의 결합은 재정은 물론 대학체제, 교육과 연구 내용에도 영향을 미쳤다. 이런 변화의 시기에 대학들의 빠른 증가는 세계적 추세였다.[9]

한편 한반도를 점령했던 일본은 메이지유신 이래 국가의 의지를 직접 관철하는 제국대학을 설립하였다.[10] 메이지시기 대학령은 "국가의 수요(須要)"에 따라 학술과 응용을 교수하고 연구한다고 규정했다. 이 규정은 식민지 조선과 중화민국에서도

---

[9] 빌 레딩스 지음, 윤지관·김영희 옮김, 폐허의 대학, 책과 함께, 2015 ; 이광주, 대학의 역사, 살림터, 2013.
[10] 다치바 다카시 지음, 이규원 옮김, 천황과 도쿄대 1, 청어람미디어, 2008 ; 아마노 이쿠오 지음, 박광현·정종현 옮김, 제국대학, 산처럼, 2018.

다르지 않았다.[11] 2차 대전 때 일본과 그 식민지에서는 노골적으로 대학을 일본친황의 부속기구로 만들려고 했다. 당시 경성제국대학 역시 "국가의 수요(須要)"에 따라야 함은 당연했고 "특히 황국(皇國)의 도에 기초하여 국가사상의 함양 및 인격도야에 유의"하여 국가의 기둥이 될 "충량유위(忠良有爲)한 황국신민을 연성"해야 한다는 목표를 제시했다.[12]

해방이 되고서야 대학은 국가의 필요와 더불어 "인류사회발전"의 필요에 따라 교육과 연구를 한다고 교육법[13]으로 명시하게 되었지만, 대학을 실질적으로 지배하는 힘은 국가에서 나왔다. 유신시기에 문교부 장관은 대학의 "자유와 독립"을 주장한 훔볼트의 대학론이 낡은 생각이라고 비판하면서, '국가와 세계 속에 존재하는 대학', '시대적 사명과 사회적 요청에 적극적으로 대응하는 대학'이 되어야 한다는 입장을 강조했다.[14]

1938년 이후 총력전체제를 구축한 일제시대 교육과 유신시대의 교육은 상당히 유사한 측면들이 많다. 교육의 국적 강조, 학교의 병영화, 중화학공업 발달을 위한 과학교육 강조, 교육평가방법의 변경까지 많은 부분이 유사하다. 근본적으로 일제 말 총력전시대나 유신시대나 지배세력은 교육을 국가의 도구

---

[11] 백영서, 교육독립론자 차이위안페이 : 중국의 대학과 혁명, 『전환의 시대 대학은 무엇인가』, 한길사, 2000, 164쪽.

[12] 동아일보 1940.4.1 대학, 專門校 규정 개정.

[13] 「교육법」, 법률 제86호, 1949.12.31 제정 1949.12.31 시행.

[14] 민관식 문교부장관, 개회사, 「대학교육 개혁을 위한 지역세미나」, 문교부, 1974.5, 3~9쪽.

로 삼았다. 이는 대통령을 비롯한 문교부 장관과 교육전문가들이 일제 식민지시기 교육을 철저히 내면화해서 정신적 식민주의에 고착되어 있었을 가능성을 시사한다. 그리고 일제말기 전쟁상황과 한반도의 냉전상황을 유사하다고 보는 논리적 전개 아래, 유신정권이 전술적 필요에 의해 일제말기의 총력전 교육체제를 소환해냈을 가능성도 높다.

그러나 상당한 유사성에도 불구하고 일제말기 총력전체제의 교육과 유신정권의 대학교육체제가 동일하다고 보기는 어렵다. 유신정권은 대학의 역할을 전쟁복무보다는 산업인력양성을 통한 국가발전에 중점을 두고 대학을 확대했고, 대학의 병영화를 추진하였지만 일제말기처럼 대학이 병영기구의 하나일 수는 없었다. 유신정권은 적어도 형식상 대학의 '자율'을 추구하려는 태도를 보였으며 장기적인 고등교육개혁을 추진하고 국공립대학과 함께 사립대학의 규모도 키웠다. 또한 실정에 맞지 않게 미국식 교육제도를 도입한다는 비판을 받으면서도[15] 실험대학과 특성화 대학정책 같은 실용적인 교육제도를 빌어와 쓸 만큼 일제말기와는 차별성이 있었다.

유신이 헌법을 파괴하고 준전시체제를 구축한 행위였다면, 대학에서 유신은 무엇이었을까. 그것은 첫째 정권의 개발주의

---

[15] 이숭녕, 미국교육제도도입의 비현실성, 신동아 223, 1976.4, 69–73쪽. ; 송병순, 2000년을 향한 오늘의 한국 고등교육, 한국교육학회 학술대회 논문집(통권 12호), 1978, 139–158쪽 ; 경향신문 1978.9.12 한국적 교육학 정립 절실 교육학회 학술발표회서 소장학자들 주장.

정책에 적합하게 대학체제를 재편하는 개혁이며, 둘째 대학을 이른바 "국력 있는 교육"이라는 이데올로기에 복무시킨 이데올로기적 통치 행위이고, 셋째, 준전시체제 하에서 대학을 병영화하고 대학의 일상전체를 정보정치와 상명하달식 행정으로 지배하던 반교육적 반지성적 행위였다. 그럼으로써 유신시기는 대학들이 산업화 이익에 철저히 복무하는 국가주의적 지식인과 잘 살아보려는 사적 욕망에 충실한 사익추구 지식인들을 양산하는 시기였다. 한편 유신에 반대하는 대학인들에게 유신은 매우 잔혹한 배제체제였다.

국익에 직접 복무하는 대학에 대해 일본에서는 메이지시기부터 비판해 왔다. '한 나라의 독립은 국민의 정신 독립에, 국민의 정신은 학문의 독립에 있다'고 한 오노 아즈사 이래 대학의 자유 논의는 지속돼 왔다.[16] 해방 후 한국에서는 대학이 민족중흥에 기여해야 한다는 지식인들의 전반적 인식이 있었음에도, 유신시대에도 대학의 자유와 독립을 주장하는 지식인들도 있었다. 대학의 자유를 입법화하려는 시도가 있었으며, 대학의 자유와 민주주의를 외치며 정권과 날카롭게 대립각을 세운 대학생들도 있었다. 이러한 저항은 오늘날 대학을 여전히 사회공공적 영역으로 바라보고 대학의 자유와 공적 책임을 인정하는 토대가 되고 있다.

---

[16] 다치바 다카시 지음, 앞의 책 178-179쪽.

무엇을 할 것인가

이 책은 유신정권이 대학을 어떻게 구상하여 체제화였으며, 그런 대학체제를 운영하는 방식은 무엇이었는지 고찰하고자 한다. 1960년대가 중고등학교가 폭발적으로 증가한 '중등교육의 연대'라면, 1970년대는 '고등교육의 연대'라 불렸다.[17] 박정희 정부가 1968년부터 고등교육개혁의 필요성을 인식하여 본격적인 대학개혁에 착수한 시기는 바로 유신시기이다.

유신이 1972년 10월 17일에 갑자기 선포되어 시작되었다기보다 육십 년대 말부터 새로운 정치체제 준비에 착수하여 1972년 10월 유신 선포 때 마침내 '박정희식 나라 만들기' 작업이 마무리되었다는 관점[18]에서 보자면, 유신과 대학의 관계를 살피기 위해서는 육십 년대 말부터 고등교육에 어떤 변화가 있었는지 검토해 보아야 한다. 특히 68년은 고등교육개혁에 중요한 기점이다. 그리고 이 책은 61년 쿠데타 직후의 군사정권 시절 교육개혁도 간단히 살펴보려고 한다. 이 시기의 교육정책은 설익은 시도이긴 했지만 이후 유신시기 교육과 무관하지 않기 때문이다.

여기서 유신시대의 대학정책이 유신정권만의 고유한 것인가,

---

[17] 김영화, 한국 산업화 시기의 교육과 경제성장, 교육과학사, 2015 ; 주삼환, 고등교육연구, 한국학술정보, 2006.
[18] 임혁백(2004), 앞의 글, 232쪽.

아니면 당대의 일반적인 대학 특성이 유신이라는 시대를 만나 실현된 시대보편적인 것인가 하는 문제를 생각해 볼 수 있다. 이 책은 유신시대에 진행된 대학개혁이 유신정권의 고유한 정책의지라는 관점에 서고자 한다.

당시 대학개혁은 온전히 유신정권의 특징이라기보다 근대국가의 시대적 특징이거나 식민지 독립국이나 개발도상국들의 보편적 특징이라 할 요소들이 많다. 유럽에서는 68혁명 후 대학에서도 권력을 해체하는 변화가 있었고, 미국에서는 연구를 주도해가는 '맘모스' 대학들이 세계적 위세를 떨치고 있었다. 유신시기에 이공계 등 실용적 학문분과 중심의 정원 확대, 학점축소나 복수전공제 같은 정책들은 대학의 세계적인 변화 추세와 맥을 같이 하는 것이었다. 그리고 개발도상국에서는 산업발전을 위해 국가가 주도하는 대학개혁이 일반적 현상이기도 했다. 한국의 대학들도 국가주도로 이공계를 확장하는 대학개혁이 다른 나라들과 다르지 않는 길이었다.

그럼에도 유신정권 당시 대학정책의 핵심적이고 전반적인 기조는 유신정권만의 고유한 특징이다. 그 첫째 이유는 유신시대의 모든 교육은 유신의 이념적 지향을 명백히 하였기 때문이고, 둘째 이유는 유신정권의 경제정책에 맞춰서 대학체제를 설계하였기 때문이다. 셋째로 대통령이 준전시상황임을 강조하면서 대학병영화와 대학에 대한 정보정치 등 어느 때보다 강력하고 세밀한 국가개입을 유신정권이 주도하였기 때문이다. 이런 이유들은 다른 국가들의 대학들과 다른, 그리고 다른 시기, 심지어는 박정희 정권 초기의 한국 대학들과 다른 유신시대의 대학이라는 고유한 성격을 만들었다.

유신정권의 고유한 대학정책이 아닌 시대보편적 요소들, 가령 정원확대, 국가와 대학 간의 긴밀한 결합 같은 요소들 역시도 시대 변화에 대응해 유신정권이 선택한 사항들이었다. 1960년대 초중반에는 박정희 정권이 선택하지 않았으나 유신 시대에는 선택했던 고등교육정책들이었다. 그리고 유신 이전 에도 사찰 같은 정보정치나 상명하달식 행정 지시가 있었지 만, 유신시대에 더욱 강화되고 일상화 되어 유신의 뚜렷한 특 성이 되었다. 달리 표현하자면, 유신시대의 대학개혁은 유신 정권의 정치적 요소가 가장 강력히 작동한 정치적 행위였다. 중화학공업 육성과 산업화라는 경제적 요소, 그리고 고등교육 확대 같은 교육정책적 요소가 분명 작용했지만, 정치적 요소 가 경제적 요소나 교육정책적 요소보다는 더 결정적으로 중 요하게 작용했다. 정치적 필요에 의해 경제적 요소나 교육정 책적 요소를 활용했다고 봐야 할 것이다.

유신정권의 이런 고유한 대학정책을 대학의 체제 설계와 일상운영이라는 측면에서 보고자 한다. 당시 유신정권이 "생 활영역에 대한 집요한 지배"를 꾀하였듯이[19] 대학운영에 정

---

[19] 허은, 불신의 시대, 일상의 저항에서 희망을 일구다, 『한국현대생활문화사 1970년대』, 창 비, 2016, 13–31쪽.

권이 집요하게 개입하는 방식은 대학의 일상을 보여줄 수 있을 것이다. 이 당시 유신정권에 의해 대학들은 자유를 상실하였지만 캠퍼스를 얻게 되었다. 여기서 말하는 캠퍼스란 실제로 칠십 년대 경제성장과 함께 대학들이 드넓은 종합캠퍼스를 갖게 되거나 신축건물들이 착착 들어선 신풍경의 물리적 공간으로서 캠퍼스이면서 동시에 육십 년대까지 미비했던 여러 고등교육제도나 체제가 제도화된 대학을 상징하는 말이다.[20]

---

[20] 이 책은 교육대학, 전문대학, 방송통신대학 등 다양한 고등교육기관 전체가 아니라 종합대학을 중심으로 다루었다. 그리고 유신정권의 대학정책과 문교행정방식을 주로 고찰하므로, 각 대학과 대학구성원, 사회의 반응과 그 반응으로 인한 대학사회의 변화를 종합하지 못하였다는 점을 미리 밝혀둔다. 유신정권이 아무리 강압적 권력을 행사했다 해도 절대 권력의 의지대로만 모든 것이 역사에 관철되지 않는다. 이 점을 생각한다면, 당시 정부의 고등교육개혁 기획 자체도 당대 한국사회의 열악한 현실에서 출발할 수밖에 없고, 대학생들과 일부 교수들의 집단적이고 끈질긴 저항에 부딪히면서 유신정권의 기획을 때로 수정해야 했다. 또한 대학정원의 확대도 정부의 의도만으로 성사시킬 수는 없는 법이었다. 해방 이전부터, 그리고 해방 이후에도 지속된 국민들의 높은 교육열망이 있었기 때문에 대학정원 확대 계획도 가능했다. 대학과 대학구성원, 사회의 반응과 문화를 역동적으로 다루지 못한 점은 아쉬움으로 남을 수밖에 없다. 좀 더 종합적인 연구는 추후연구로 남기고자 한다.

2. 쿠데타 직후, 군사작전하듯 교육실험

    쿠데후 직후 군사정권의 모든 행정은 그야말로 군사작전이었다. 쿠데타로 정권을 잡은 세력은 그들의 생각대로 만사를 속전속결 처리하였다. 교육이나 학교라고 작전의 예외는 아니었다. 국민의 권력을 약탈한 군사정권이 오히려 '질서', '부정부패 척결', '교육 백년지대계'라는 명분을 거머쥐고 휘둘렀다. 비판은 고사하고 이유라도 따질 양이면 '비상한 시국'을 모르는 철없는 짓이라 책망하고 국민들을 위협했다. 데모 때문에 망할 지경의 나라를 구한다는 "혁명"의 명분을 내세워 군사정권은 교육계에 대한 통제권을 강화하였다.

    군사정권은 초중등학교와 대학 가릴 것 없이, 국공립과 사립 구별할 것 없이 모든 교육행정을 한 손아귀에 쥐게 되었다. 쿠데타세력이 임명한 문교재건자문위원회 의장이었던 유진오도 당시 문교행정이 "경찰행정적"이라고 지적할 만큼[21]

교육행정은 강압적이었다. 군사작전 펼치듯이 대학교육도 실험했다. 급행하려는 정책이 얼마나 타당하고 현실에 적합한지 따지지 않고 일단 강압적으로 밀어붙이고 혹시 말썽이 생기면 되돌리는 교육행정이 계속 됐다. 교육도 결국은 실험적 차원일 수밖에 없었다.

군사정권이 이처럼 일단 밀어붙이고 보자는 식의 행정을 한 배경에는 대학을 비리의 온상으로 보는 인식이 깔려 있었다. 그러니 애초 대학의 자율성, 지식인의 자유는 존재하지 않았다. 자유를 억압하거나 말살하는 게 아니라, 애초에 대학은 국가발전을 위한 기관이라는 생각으로 똘똘 뭉쳐있었다.

다른 분야도 마찬가지이지만, 특히 대학은 설사 부정부패가 많다 해도 모든 걸 싹 밀어버리고 새로 뚝딱 지을 수 있는 건축물이 아니다. 대학은 한 사회의 역사와 미래가 담긴 문화공동체이므로 결코 호락호락한 집단이 아님에도, 물리력을 신뢰하는 군사정권은 대학개혁을 지나치게 단순하게 판단했다. 군사정권의 순진하고도 미숙했던 대중적 교육실험은 불과 한두 해만에 철회할 수밖에 없었다.

그러나 대통령 비서실장을 지낸 김정렴이 회고하듯이 "설익은 아이디어를 정책화했던 집권초기"의 정책실패가[22] 대학개혁의 끝은 아니었다. 1961년 뿌렸던 대학개혁실험의 씨앗은

---

[21] 동아일보 1962.5.19 혁명일년을 비판한다(5) 문교정책
[22] 김정렴, 박정희 대통령 탄생 100주년 ① 내가 본 박정희, 월간조선 2011.1.

유신정권 아래서 체계적이고 강력한 고등교육개혁으로 돌아왔다.

의장 : 유진오(고대총장), 부의장 : 이세정(전 진명여고 교장)
위원 : 고재욱(동아일보 주필), 김기서(장안국민교장), 김명복(경희대 체육대학장), 김명선(문교장관고문), 김옥길(이대총장), 김재원(국립 박물관장), 문홍주(부산대총장), 손종순(경기여고 교장), 안동혁(학술원부회장), 엄경섭(양정고교장), 오혁준(서울공고교장), 유달영(재건국민운동본부장), 윤일선(전 서울대총장), 이관구(일일신문사장), 이병도(전 서울대대학원장), 이상백(서울대문리대교수), 장기영(한국일보사장), 정대위(건국대 부총장), 정진숙(국정교과서주식회사 사장)

출처 : 경향신문 1961.11.1 문교재건자문위 21명 위촉

<그림 1> 문교재건위원(1961년)

초법적 교육임시특례법

1961년 9월 1일 국가재건최고회의는 기존 교육법을 무시하고 초법적인 「교육에 관한 임시특례법」(이하 특례법)을 일방적으로 공포하였다.[23] 당시 비리와도 냉큼 손잡을 만큼 마냥 자유로웠던, 달리 무책임했던 고등교육계는 집권세력이 대학행정에 직접 개입하는 새로운 국면에 직면했다. 특례법은 기존에 사실상 교수들이 선출하던 국공립대학 총장 선정방식을

---

23 교육에 관한 임시특례법, 국가기록원(http://www.archives.go.kr).

임명제로 바꾸었다. 그리고 국공립대학은 물론 사립대학 교원 까지도 해지하거나 해직을 요구할 법석 근거를 마련하고, 모 든 교원의 노동운동과 집단행동을 금지시켰다. 교원정년을 단 숨에 5년 단축하여 60세로 낮추고, 학생들에게는 국가가 관리 하는 대학입학시험과 학사자격시험을 치도록 했다. 군인 출신 의 문희석 문교부 장관은 장관 7개월 동안 대학들을 전격적 으로 통폐합하였다. 교육자치제도 유예했다. 이전의 교육법을 전면 개편한 무소불위의 법안이었다.

이처럼 군사정권이 막강한 권력을 행사한 배경에는 민심이 있었다. 특례법의 취지도 "사회비난의 대상이 되어온 학원의 질서를 단시일 내에 바로 잡아 교육의 정상화를 촉진하기 위 함"이었다. 한국전쟁 후부터 "대학망국론"이 언론에 자주 오 르내렸고, 1950년대 말부터는 정부도 나서서 대학정원을 축소 하고 있었다. 그리고 '1960년 5월 주한미군 경제협조처에서 내놓은 고등교육개혁안'의 주장처럼 전국 단위의 대학입학시 험을 쳐야 한다는 지식인들이 있었고,[24] 언론들도 교수와 학 생에게 시험을 쳐서 자격을 부여해야 한다고 부추겼다. 대학 망국론을 거의 맹신했던 문희석 장관 아래서 대학 통폐합은 거침없이 집행되었다.[25]

그러나 "대학망국론"이라는 비판이 무색하게 당시 대학진학

---

[24] 김정인, 대학과 권력, 휴머니스트, 2018, 182쪽.
[25] 강준만, 한국현대사산책 1960년대편 2, 인물과사상사, 2009, 135-142쪽.

률은 형편없었다. 일제시대보다 대학이 늘었다고 진학률 5%도 안 되는 대학들이 나라를 망하게 할 수는 없었다. 그런데도 흔히 대학망국론이라 비판할 때는 대학이 병역을 유예하려는 청년들의 도피처라는 불신과 대학생들이 데모만 한다는 부정적인 판단, 사립대학 설립이 토지개혁을 피해 자산을 은닉하는 방편이 되고 있다는 음모론적 생각이 바탕에 깔려있었다. 동시에 대학이란 최고수준의 제국대학 하나와 전문기술인력을 기르는 몇몇 전문학교들로 충분하다는 일제 식민지시기의 엘리트주의 대학관도 작용하였을 것이라 추정할 수 있다.

특례법이 군사정권의 "임시"적인 조치였던 만큼, 군복에서 사복으로 갈아입고 박정희가 선거로 또 다시 정권을 잡은 1963년 말에 특례법을 폐지했다. 특례법이 폐지되면서 졸속적이고 강압적으로 집행된 각종 벼락치기 교육정책들은 거의 자취를 감추었다. 교육단체의 반발로 대학에 명예교수제도만 남긴 채 3년 만에 정년시기는 원상회복하였고, 학교운영이 곤란해진 사립대학들의 압력으로 대학 통폐합정책은 그 이듬해부터 후퇴하였다. 국가가 관리한 대학입학시험과 학사자격시험도 1963년부터 폐지했다.

쿠데타로 갑자기 정치의 전면에 등장한 군인들처럼 군사정권이 어느 날 갑자기 시행한 대학관련 조치들은 곧 없던 일처럼 사라졌지만 대신 대학교육계에 중요한 화두를 남겼다. 대학교육의 질적 향상이 반드시 필요하고, 장기적인 고등교육

개선방안을 찾아야 한다는 문제의식이었다. 때문에 1963년에
자취를 감췄던 각종 고등교육개혁안들은 유신시대에 체계적
인 모습으로 다시 등장하였다.

장관, 정치적 파고에 따라

군사정권기에 문교부 장관들의 재임기간은 매우 짧았다.
쿠데타 직전에 문교부 장관이 된 윤택중은 5·16 군사쿠데타
로 불과 보름 만에 물러나 "보름장관"이라 불렸고[26], 쿠데타
이후의 장관들도 파리 목숨이었다. 군사정권은 사회 전 영역
에서 이른바 '정화'작업에 착수했다. 쿠데타 일주일 후에 부
정축재자 51명, 밀수혐의자 4,200명, '공산주의 동조혐의자'
2,100명을 체포하고, 쿠데타 두 달 후에는 군복무 기피와 축
첩을 이유로 6,900명의 공무원을 해고했다.[27] 기득권 세력들
을 최대한 약화시키고 새로운 권력기반을 구축하고자 했던
것이다.

이런 사회분위기에서 문교부 장관의 운명도 다르지 않았다.
쿠데타 직후부터 1963년 12월까지 4명의 장관들은 평균 8개
월을 견디지 못했다. 육십 년대 중반 윤천주 장관 이후에야
비로소 장관 재직기간이 1년을 넘었다.

---

26 권문한, 각부 장관채점표 교육부 장관, 한국논단 81, 1996, 100~107쪽.
27 김형아, 앞의 책, 129~130쪽.

당시 모든 행정이 그랬지만 특히 교육행정에는 정치적 힘이 강하게 작용했다. 교육행정은 군사정권이 민심을 얻는데 주요한 무기이자 미래 세대에게 쿠데타의 정당성을 홍보하는 장이었기 때문이다. 정치권력과 가까워야 장관이 되고, 말썽스런 사회적 사건이 터지면 장관은 언제라도 잘렸다. 정권의 바람대로 교육행정이 이뤄졌다.

문희석은 쿠데타 덕분에 문교부 장관으로 기용되어, '간접침략분쇄, 인간개조, 빈곤타파, 문화혁신'을 4대 문교정책으로 내세우면서 대학정비를 밀어붙였다. 문희석 장관의 일방적 교육행정에 대한 불만이 높아지자 약 8개월 만에 장관을 경질하고 김상협 고려대 총장을 새로 임명했다. 그는 쿠데타 직전인 1961년 5월 초 개각 당시 문교부 장관 물망에 올랐던 인물이고, 동시에 동아일보와 고려대 세력을 의식해서 박정희가 간청해서 영입한 인물[28]인데도 임기 8개월 만에 갑작스레 물러났다. 김상협 장관이 미리 사표를 냈던 이유도 있지만, 1962년 대학생들의 학사고시 반대 시위도 한 몫 했고, 게다가 대통령제 전환을 위한 헌법 개정 국민투표와 이후 선거를 앞둔 시점이라는 점도 작용했다.[29]

---

[28] 강준만, 앞의 책, 141쪽 ; 경향신문 1962.1.11 김 문교장관에 기대하는 것 ; 김상협 교수의 큰아버지 김성수는 동아일보와 고려대학교 설립자이다.

[29] 경향신문 1962.10.16 선거관리내각으로의 제일보 ; 동아일보 1962.10.16 조령모개식의 인사제도 ; 동아일보 1962.10.16 내무 박경원, 문교 박일경씨

박일경 장관은 경북 출신으로 대구고등보통학교와 경성제국대학을 졸업했고 고등문관시험을 합격해 함평군수를 지냈다. 해방 후 대학교수와 총장 등을 지내다 1961년 10월 법제처장에서 문교부 장관으로 자리를 옮겼다. 그는 사립대의 극심한 학원분규(숙명여대, 동국대, 성균관대) 와중에 휩쓸려 있었던 데다가 학사고시로 내부갈등까지 겪다가 고작 5개월 만에 장관직에서 물러났다.[30]

이어서 이종우 장관이 윤태림 차관과 함께 입각하였다. 쿠데타 이후 처음으로 장관과 차관 모두 민간인이자 학자출신인지라 학계의 기대가 높았다.[31] 교육자치제 부활 논쟁과 의무교육비 확충이 당시 중요현안이라 기대와 달리 대학 정책이랄 게 없었다. 오히려 '학원의 정보사찰'을 당연시 한 장관의 발언이 대학들과 긴장을 낳았고, 1963년 말 정권 이양을 앞두고 장관이 없는 상태에서 예정에 없던 대학정원 증원이 발표돼 차관과 갈등을 빚기도 했다.[32]

1964년 박정희가 대통령이 된 후로도 문교부 장관들은 백년지대계를 설계하고 추진할 형편이 아니었다. 고광만 장관은

---

[30] 동아일보 1963.2.7 학사고시제 폐지 ; 경향신문 1963.2.8 首班과 異見, 眞意와 먼 보도 ; 경향신문 1963.2.28 지시 뒤집는 문교부 ; 동아일보 1963.3.14 만신창이 학원분규.

[31] 경향신문 1963.3.30 새 문교행정에 기대한다.

[32] 경향신문 1963.5.2 교육자치제는 어디로 문교부와 내무부의 심각한 이견 ; 경향신문 1963.5.4 학원은 사찰 받아야 하나 ; 경향신문 1964.1.14 장관 빈틈의 장난? ; 동아일보 1964.2.25 투시도 민정 두 달… 어떻게 달라졌나(7) 翻意行政

일제시대에 조선총독부 학무국에 근무했다가 해방 후에는 대구사범학교와 서울사범학교 학장을 지냈던 인물로 1963년 민주공화당 활동을 한 인연으로 1963년 12월에 문교부 장관이 되었다. 그러나 다섯 달도 채 안 돼 학생들의 격렬한 한일회담 반대시위 때문에 장관직에서 해임됐고, 윤천주 장관도 학생들의 한일회담 시위로 경질됐다.

권오병은 문교부 장관을 두 번씩이나 지낸 인물이다. 1965년 첫 번째 문교부 장관 시절, 고려대와 연세대에 사상 최초로 휴업령을 내리고 '정치교수' 축출과 시위학생 제적을 강경하게 밀어붙인 "불도저"였다.[33] 5·16 쿠데타를 함께 주도한 군 출신으로 문교부 장관에 임명된 홍종철 장관은 대통령의 신임이 컸다. 그만큼 재임기간도 길었다. 1966년부터 고등교육실태조사를 벌이는 등 서서히 유신체제기 고등교육개혁의 논의가 시작되었다.[34]

군사정권기를 지나 1960년대 중반까지도 문교부 장관들은 늘 바람 앞의 촛불이었다. 그러니 1961년 추진된 대학정비 이외에 육십 년대에 별 다른 고등교육정책이 나올 수 없었다.[35] 매번 정치적 사건이 터질 때마다 문교부 장관들은 데모 수습

---

[33] 동아일보 1966.1.29 「풍파」 장관 ; 경향신문 1966.9.28 새 법무장관 권오병씨.
[34] 매일경제 1966.7.8 고등교육실태파악(*편집)
[35] 경향신문 1963.2.7. 박문교, 김 수반 발언에 이의 ; 동아일보 1963.2.8 횡설수설 김 내각 수반과 박 문교장관 사이.

하기에 급급했다. 사건이 제대로 수습되지 않으면 가차 없이 경질 당했다. 학생들이 한일회담 반대시위로 청와대 앞에 일만 에 장관이 교체 당하였으니, 백년지대계란 말은 교육계와 가 장 거리가 먼 말이었다.

<표 1> 문교부 장관(1961-1968)

장관	경 력	재직기간	
문희석	* 1961. 5. 16 해군 대령 * '대학정비' 추진: 대학정원 축소	1961- 05-20	1962- 01-18
김상협	* 고려대 총장 * 대학정원 원상회복	1962- 01-19	1962- 10-14
박일경	* 경북 의성, 대구고보, 경성제대, 고문 출신 * 학사자격고시반대운동관련 경질	1962- 10-15	1963- 03-15
이종우	* 교토제대 출신 * 학사고시제와 대학입학자격고시제 폐지(63.4)	1963- 03-16	1963- 12-16
고광만	* 민주공화당 창당준비위원 * 문교부 차관에서 장관으로 * 한일회담 시위로 경질	1963- 12-17	1964- 05-10
윤천주	* 한일회담 시위로 경질 * 장관 후 부산대와 서울대 총장	1964- 05-11	1965- 08-26
권오병	* 법무차관에서 문교장관으로 다시 법무장관으로 * 국회의 해임건의안 논의	1965- 08-27	1966- 09-25
문흥주	* 1961 문교재건위원회 위원 * "공부하는 학원, 연구하는 교수" 면학운동 * 1960-62/ 1980년 이후 부산대 총장	1966- 09-26	1968- 05-20

총장들, 물갈이 하라

1960년 4·19 혁명으로 대학가는 거센 민주화 요구에 직면하였다. 이승만 퇴진을 이뤄냈던 학생들은 대학가의 어용세력과 권위주의적인 교수들에게 저항의 목소리를 내기 시작했다. 경북대, 부산대, 서울대, 전남대, 전북대, 충북대 학생들은 어용교수 퇴진과 학내 민주화를 위한 집단행동에 돌입했다. 일부 대학에서는 교수들도 가세해 비리총장의 퇴진을 요구했다. 사립대학들도 4·19 혁명 이후 학내 민주화 운동으로 한바탕 몸살을 앓고 있었다. 성균관대에서는 이승만 정권 당시 문교부 장관을 지낸 이선근 총장이 사퇴했고, 조선대는 총장 사퇴문제로 온 학교가 격렬하게 대립했다. 학교는 학교입장에 반대하는 이사를 해임하고, 학생들을 제적처분 하였고, 학생들은 제적처분무효확인 청구소송을 내고 학생들끼리도 난투극을 벌였다. 당시 동양대, 수도의대, 외국어대도 분규에 휩싸였고 분규가 장기화되었다.

전국 62개 대학 중에 21개 대학이 분규 중이었다. 그래서 문교부에서는 5월 26일 '학원정상화를 위한 긴급조치의 건'을 발표해, 부정선거에 가담했거나 불법이나 부정을 행했거나 학원질서를 문란하게 하고 직무를 태만히 한 교육계 인사를 청산하도록 공포했다.[36] 논란의 대상이 된 총장들이나 보직교수들이 더 이상 자리를 보전하기는 어려워졌다. 6월 초에는 이

항녕 문교부 사관과 각계 인사들로 '학원분규 수습중앙대책위원회'를 꾸려 학원문제 해결에 나섰다.[37]

학원분규로 종합국립대학교인 경북대, 부산대, 서울대, 전남대, 전북대의 총장들이 5월 초부터 시작해 모두 물러났고, 당시 도립대학이었던 충남대 총장과 충북대 학장도 역시 사퇴하였다. 4·19 혁명으로 대통령이 물러났듯이, 대학의 총장과 학장들도 물러났다. 국립대학들에서는 새로운 총장을 선출했다. 1953년 제정된 교육공무원법에 총장은 교수회의 동의를 받아 문교부 장관이 임명하도록 되어 있었기 때문에[38] 각 대학의 교수회에서 총장후보를 선출하면 문교부에서 총장을 임명했다.[39] 민주화의 기운은 대학 안에도 출렁였다.

그러나 이듬해 들어선 군사정권은 교수들이 직접 뽑은 국공립대학 총·학장들을 임기와 상관없이 한꺼번에 갈아치웠

---

36 김정인(2018), 앞의 책, 124쪽.
37 최정기 외, 「민주화운동 연구보고서 2005 : 민주화운동관련 사건·단체사전편찬을 위한 기초조사연구 보고서– 광주전남지역」, 민주화운동기념사업회, 2005, 36–43쪽 ; 동아일보 1960.6.10 학원분규 수습 중앙대위 구성 ; 동아일보 1960.6.15 11개 대학 분규수습결정 중앙대위 ; 동아일보 1960.6.14 전국 21개 대학서 분규.
38 「교육공무원법」 법률 제285호, 1953.4.18 제정
    제8조(총장, 부총장, 학장, 대학원장, 교수 등의 임명) ① 총장, 부총장, 학장(대학교의 학장 제외)은 교수회의 동의를 얻어 문교부장관의 제청으로 대통령이 임명한다. ② 대학원장, 학장(대학교의 학장에 한한다), 교수, 부교수는 교수회의 동의를 얻어 행하는 총장 또는 학장(대학교의 학장은 제외)의 제청으로 문교부장관을 경유하여 대통령이 임명한다.
39 경대개교15주년기념사업분과위원회, 경북대학교 15년지, 1967 ; 부산대학교 60년사 편찬위원회, 부산대학교 60년사, 2006 ; 전북대학교 60년사 편찬위원회, 전북대학교 60년사, 전북대학교, 2007.

다. 군사정권은 1961년 6월에 군복무기피, 축첩, 비리, 무능력 등을 이유로 24만 명의 공무원 중 4만여 명을 감원하겠다고 발표하고, 7월까지 3만 5천여 명의 공무원을 감원했었다.[40] 그 연장선에서 국공립대학 총장들도 '혁신'했다. 교수회의 동의 절차는 과감히 없애 버리고 내각수반이 총장을 임명했다.[41]

군사정권은 4·19혁명을 목격했기 때문에 누구보다 대학의 힘을 잘 알고 있었다. 쿠데타 단 사흘만인 5월 19일에 박정희 와 '군사혁명위원회' 장도영 의장은 서울시내 각 대학의 총 장과 학장들을 소집해 육군본부참모식당에서 "간담회"를 열 었다.[42] 쿠데타 사흘 만에 대학 총·학장들을 육군본부에 불 러들인 "간담회"가 과연 무엇이었을까.

바로 다음 날인 5월 20일 군사혁명위원회가 '국가재건최고회 의'로 이름을 바꾸고, 국가재건최고회의에서 '혁명내각' 명단을 발표하였다. 내각수반과 국방장관을 겸임하는 장도영(39)을 비 롯하여 대부분 삼사십 대의 새파란 군인들이었다. 1958년에 국 방대학원 교수를 잠시 지낸 적이 있는 해병 대령 문희석 문교 부 장관도 마흔 살이었다.[43] 문희석 장관은 6월 초 전국 국공

---

[40] 동아일보 1961.6.24 공무원정리기본요강 발표 ; 경향신문 1961.8.13 공무원정원을 재조정, 10월 중순에 인력감사를 완결 ; 경향신문 1961.9.6 감원공무원을 재심.

[41] 1964년 개정된 「교육공무원법」부터는 "총장·부총장·학장(대학교의 학장을 제외한다)· 실업고등전문학교장은 문교부 장관의 제청으로 대통령이 임면"(제25조)하도록 했다.

[42] 경향신문 1961.5.20 대학총장과 간담.

[43] 강준만, 한국현대사산책 1960년대편 1, 인물과사상사, 2004.

사립대학 종학장회의를 열어, 혁명 후 검거된 폭력배의 반수가 대학졸업자라는 둥 대학생들은 예비폭력배로 펌훼하고, "더러워진 학원의 부정", "학원모리자 숙청", "대학 정비"를 운운하며 총·학장에게 학내분규를 용납하지 않겠다고 밝혔다.[44]

쿠데타 불과 두 달 만에 사립대학 총·학장들부터 해임시켜 버렸다. 문희석 장관은 1961년 7월 22일 "대학정비를 위해 동국대 총장을 포함하여 12개 대학 총장과 학장의 취임인가를 취소했다."고 발표했다. 학생정원의 초과모집, 경리부정, 구정권에 아부 및 관여, 대학설치기준령 미달 등이 이유였다.[45]

국공립대학 총·학장들은 특례법을 근거로 정리했다. 특례법 때문에 65세이던 정년이 60세로 낮아지면서 학계 원로였던 국공립대학 총·학장들은 정년퇴직 대상자가 되었다. 법이 공포된 바로 그 달 말에 경북대, 서울대, 전북대 총장과 충북대 학장은 한꺼번에 정년퇴직 당했다. 사립대도 예외가 아닌지라 숙명여대, 연세대, 이화여대, 중앙대 총장도 물러났다. 정년단축의 "저의"가 "선배들 추출"이 아닌지 사람들은 자못 의심스러워했지만 막을 방도가 없었다.[46] 그리고 정년퇴임 대

44 경향신문 1961.6.8 대학정비 할 단계 ; 경대개교15주년기념사업분과위원회, 경북대학교 15년지, 1967, 106쪽.
45 경향신문 1961.7.22 대학정비 드디어 단행, 총학장 12명 취임인가취소 : 동국대, 성균관대, 경희대, 조선대, 한양대의 총장들과 인하공과대학, 서울문리사범대학, 수도여자사범대학, 동양의약대학, 국학대학, 서라벌예술대학, 국제대학교 학장들을 해임했다.
46 동아일보 1961.9.13 이화여대 총장 김활란여사 사임 ; 정광현, 교육에 관한 특례법은 부당 (상), 동아일보 1963.10.24.

상자가 아니었던 부산대와 전남대 총장은 감찰위원회의 감사를 받고 1962년 2월 말로 해직 당했다.

그래도 물러나기 전까지는 총장들은 정권이 요구하는 책무를 다해야 했다. 9월 15일 총·학장회의에서 총·학장들은 교수들과 학생들에게 정부의 시책에 적극 협력할 것을 요청하는 결의문을 발표했었다.[47]

새로운 총·학장들이 임명됐다.[48] 경북대와 전남대 총장에는 일제시대에 고등문관시험에 합격해 각기 판사와 행정관료를 지냈던 계철순과 김준보를 임명했다. 경북대 총장에 임명된 계철순은 대구지방법원 판사로 근무하다 해방 후 육군본부 법무관, 경북대 법정대 학장을 지냈고 1961년 5·16 이후혁명재판소 상소심판관을 지냈다. 전남대 총장에 임명된 김준보는 해방 후 서울대 농대 교수를 하면서 5·16 직후 국가재건최고회의 기획위원회 경제분과 위원을 지냈었다.[49]

부산대 총장은 해방 후 서울대와 고려대 교수를 하다 한국전쟁 당시 해군중령으로 참전해 1953년 해군대령으로 예편해

---

[47] 경향신문 1961.9.15 정부정책에 협력, 국립대학총학장회의서 결의.

[48] 「교육에 관한 임시특례법」 제9조 (국, 공립대학의 장 및 교수 등의 임명절차) ① 국, 공립의 대학교 또는 대학의 총장, 부총장 또는 학장(대학교의 학장을 제외한다)은 문교재건자문위원회의 자문을 거쳐 문교부장관의 제청으로 내각수반이 임명한다. ② 국, 공립의 대학교 또는 대학의 대학원장, 학장은 교수 또는 부교수 중에서 총장 또는 학장의 제청으로 문교부장관이 補한다. ③ 국, 공립의 대학교 또는 대학의 교수, 부교수, 조교수는 총장 또는 는 학장의 제청으로 문교부장관을 경유하여 내각수반이 임명한다.

[49] 친일인명사전편찬위원회, 친일인명사전, 민족문제연구소, 2012.

다시 고려대 교수를 지냈던 김순식[50], 서울대 총장은 경북 안동 출생에 1941년 만주신징공업대학 교수를 지냈고, 해방 후에는 고려대와 서울대를 거쳐 1961년 1월 한국외국어대 학장을 역임한 권중휘[51]가 임명되었다. 10년 동안 전북대 총장을 지낸 유영대는 체신학교장을 하다가 임명되었다. 전쟁을 대비하던 군인들이 갑자기 정치한복판에 등장한 것처럼 국립대학 총·학장들도 각기 다른 기관이나 다른 대학에 있다가 해당 학교로 발령받았다. 총장에 별 뜻이 없었다 해도 안할 도리가 없었다고 당시 경북대 총장으로 임명된 계철순은 기억하고 있다.

> 돌연히 경북대학교 총장으로 임명되니 …… 월급장이니 총장직도 탐탁치 않았다. 싫어도 해야 하는 것이 그때의 세태였다. 한복(韓宓) 변호사는 혁명재판소 심판관을 거절하였다가 한 3개월 동안 교도소 신세를 졌다. 교도소에 가면서까지 총장직을 마다할 필요는 없었다.[52]

쿠데타 이후, 총장 및 학장 등을 임명할 때 교수회의 동의를 받는 절차가 법조항에서 완전히 사라졌다. 특례법이 폐지되고 1964년부터 시행된 교육공무원법에서도 "교수회의 동의를 얻어"라는 문구를 삭제했다.[53]

---

50 한국민족문화대백과 사전(http://encykorea.aks.ac.kr).
51 한국역대인물종합정보시스템(http://people.aks.ac.kr).
52 계철순, 사주 : 내가 지낸 이야기, 중외출판사, 1987, 207쪽.

이렇게 교수회의 동의와 무관하게 권력자에게서 직접 임명받은 총장들은 임명받은 자로서 임명권자에게 충성을 다해야 했다. 1965년 한일협정 반대성명서를 발표한 교수들에게 국립대학 총장들이 공동으로 "학원의 자유수호와 교권확립을 위해 정치적 중립을 지키라"고 촉구하고,[54] 대학 내 보직교수들을 경질했다.[55] 학생들의 데모를 막지 못하면 국립대학 총장이라고 임기를 보장해주지도 않았다. 1965년 8월 서울대 신태환 총장이 데모를 막지 못하여 해임됐고, 덩달아 서울대의 학장들도 사의를 결의해야 했다.[56] 그리고 총장의 임기도 4년으로 줄이고, 대신 정년은 65세로 환원하였다.[57]

<그림 2> 「경북대학교 총장에게 보낸 박정희 국가재건최고회의 의장 친서」 박정희는 총·학장들에게 친서를 보내 격려하거나 대학을 방문해 총장의 요구사항을 즉석에서 받아주는 모습을 보여주었다.

---

53 「교육공무원법」 1964.1.1 시행.
     제25조 (총장·부총장·학장등의 임용) ① 총장·부총장·학장(대학교의 학장을 제외한다)·실업고등전문학교장은 문교부장관의 제청으로 대통령이 임면한다.
54 경향신문 1965.7.16 교수는 중립지키라 국립대총장들 권고.
55 계철순, 앞의 책, 223–225쪽.
56 경향신문 1965.8.27 서울대 총·학장 총사퇴.
57 경향신문 1963.11.26 교원정년 65세로.

... 본인은 귀하가 부임 이래 학사행정의 당면목표를 革期的인 신구질서의 교체, 인간개조, 연구生活제도의 획립 등에 두고 이 파입틸싱을 위하여 시간단축에 최대의 노력을 경주하신 업적을 충분이해하고 있고 또한 그와 같은 귀하의 목표와 방법은 學校革命을 위한 불가결의 것으로 신임하고 있는 바입니다. .... (1962년) 4월 3일 박정희
계철순 총장 귀하
(편지 겉봉) 국가재건최고회의 의장실 박정희

대학을 정비하라

학교가 무질서하게 난립하여 학교망국론이 나온 지는 이미 오래다. …… 국민의 왕성한 교육열을 악용하여 치제(致齋)를 하고자 하는 사람이 배출하여 소위 학원모리(學園謀利)라는 기현상이 나타났다. …… 근자에 대학설치기준령을 제정하여 문교부에서 대학의 정비를 진행 중이라고 하나 …… 학교 교사도 없이 …… 대학행세 …… 더군다나 대학이라는 것은 병역단축의 특전이 있는 까닭에 학문을 하고자 하는 것보다도 병역기피의 목적으로 대학에 들어가는 학생이 많은 것이 금일의 실정인데 …… 문교부 당국은 좀 더 과감하게 학교정비를 단행하라. 그리하여 이 나라에서 학교망국론이니 학원모리니 하는 세계 어느 나라에서도 듣지 못하는 말이 다시는 튀어나오지 않도록 하기를 바란다.[58]

1957년 여름, 쿠데타가 발발하기 4년 전이었다. 학교 건물도 교수도 제대로 없이 정원의 두세 배 넘는 학생들을 입학시키는 대학들이 있었다. 게다가 병역을 유예할 목적으로 학교에 등록만 한 채 대학생 행세를 하는 사이비 학생들도 있었다. 언론과 지식인들이 보기에 대학들은 "학사학위판매회사"나 "학원모리배"에 지나지 않았다.

해방 직후 그동안 가로막혔던 교육열이 분출했다. 초등학교가 의무화 되고, 중등교육도 빠른 속도로 취학률이 높아졌다. 당연히 대학을 향한 교육열도 높았다. 교육열은 대학과 대학생 수의 증가로 나타났다. 해방 당시 19개의 고등교육기관에 약 7천 8백 명의 학생이 재적하고 있었지만, 이후 대학과 대학생 수가 급격히 증가하였다.

1946년 국립부산대가 출범했다가 이듬해 곧 두 개의 단과대학으로 분리되었고, 서울에서는 기존의 여러 고등교육기관들을 합친 종합국립대학인 서울대학교가 출발하고, 일제시대에 전문학교였던 사립대학들도 대학교로 승인받았다. 미군정기 동안 고려대, 연세대, 이화여대가 사립대학교로 인가받았고, 대구사범학교 등 22개의 학교가 대학으로 승격하였다.[59]

대학을 졸업해봐야 취업할 마땅한 공공기관이나 기업이 없

58 경향신문 1957.8.31 학교정비를 단행하라.
59 김종철 외, 한국고등교육의 실태, 한국고등교육(1946~72), 문교부교육정책심의회 고등교육분과위원회, 1973, 23쪽.

어 졸업자 나수가 실업자 신세를 면치 못했지만, 교육열은 꺾이지 않았다. 해방 직후 독립운동가들의 고등교육기관 설립과 토지개혁도 대학증설에 한 몫 했다. 1950년 한반도 전체를 황폐화 시킨 전쟁조차도 교육 대열의 발걸음을 늦추지는 못했다. 오히려 전쟁 속에서 가장 안전하게 계층상승을 꿈꿀 수 있는 곳이 대학이었다.

<표 2> 고등교육의 양적 변동(1945-1970)

연도	학생수	교원수	학교수	1945년 대비 학생증가율
1945	7,819	1,490	19	1.0
1950	11,358	1,100	55	1.5
1955	84,996	2,626	74	8.4
1960	101,041	3,803	85	12.9
1965	141,636	6,801	162	18.1
1970	201,436	10,345	168	22.7

출처 : 김종철 외, 한국고등교육(1946-72), 24쪽

대학이 팽창하는 동안 부실한 교육의 질은 사회 근심거리였다. 뿐만 아니라 "학기 초마다 총통화량의 4분의 1 또는 5분의 1이 대학 등록금으로 들어가는 현상이 반복"되고, 대학 공부 시키느라 농촌에서는 땅 팔고 소 팔고 도시에는 집 팔고 고리채 쓰느라 나라가 망할 지경이라는 말이 돌았다. 고리채를 해결하기 위해서라도 대학과 대학생을 줄여야 한다고 주장하는 국회의원도 있었다.[60]

때문에 1955년 8월 이승만 정권 때 대학설치기준령을 제정

하고, 1956년에 문교당국은 32개 대학의 정비를 단행했다.[61] 언론들은 더 과감하게 대학을 정비하라고 계속 재촉했다. 1958년 1월에는 정부가 12개 학교에 천여 명의 정원을 감축하라는 지시를 내려 2차 대학정비에 돌입했다.[62]

이런 역사적 맥락에서 군사정권은 중구난방인 대학들을 일거에 정리하는 대학정비안을 냈다. 1961년 5월 16일 군사쿠데타. 5월 21일 문희석 문교부 장관 임명. 그리고 임명 열흘 남짓 만에 장관은 전국 대학 총장과 학장을 불러 모아 놓고 학원을 정비하겠으며, 공산주의와 데모를 절대 용납하지 않겠다고 으름장. 쿠데타 약 한 달 뒤인 6월 20일에 대학정원 초과 실태조사를 완료하고[63] 대학정비안을 마련했다.

문희석 장관은 과감했다. 현실상황이나 타당성도 묻는 법 없이 '대학정비'는 '단시일 내'에 신속하게 처리한다는 입장에 따라, '대학정비'를 밀고 나갔다. 1961년 8월 국립대학 총·학장회의에서 1961년 당시 10만여 명의 대학생을 5만 명까지 감축하며, 인문계 전공과 실업계 전공의 비율을 3 : 7로 조정한다는 안을 발표했다. 그 때나 지금이나 졸업생 취업률

---

60 김정인, 앞의 책, 112쪽 : 계철순, 앞의 책, 222–223쪽.
61 동아일보 1956.12.21 대학을 정비.
62 경향신문 1958.1.23 12개교에 정원 천여감축.
63 강명숙, 1960~70년대 대학과 국가 통제, 한국교육사학 36(1), 2014, 137–159쪽.

은 대학인원을 조정하는데 전가의 보도였다. 그리고 9월 1일 특례법으로 대학정비안을 법제화 했나.[64] 법안에서는 문교재 건자문위원회의 자문을 거쳐 대학을 정비한다고 명시했지만, 문교부 장관 주도 하에 실제로 구체적인 정비안이 다 확정되어 있었다. 게다가 학생들에게 학사자격고사를 쳐서 학생들의 성적을 보고 대학마다 정원을 가감하겠노라 엄포를 놓았다. 이런 마당에 대학들의 운명도 정치권에 달려 있었다.

청천벽력 같은 발표에 먼저 학생들이 당황했다. 해방 후 교육열은 치솟고 있는데, 고등학생들은 입학할 대학과 학과가 갑자기 사라져 대학진학을 포기해야 할 판이었다. 고등학생들은 억울하지만 당장 눈앞에 닥친 대학입학시험 때문에 불만을 억누르는 길밖에 없었다.

대학생들은 더욱 황당했다. 대학정비 대상 대학과 학과에 다니던 학생들은 소속을 옮겨야 할 처지였다. 서울대 사범대 천여 명의 학생들은 하루아침에 문리대로 옮기고 교사자격증은 포기하라는 문교부의 명령에, 공청회를 열어 졸속안을 반대한다는 결의안을 채택했다. 이 소식을 듣고 문교부 장관은 "정부시책에 거역하여 난동하거나 배후에 조종하는 자는 단

---

64 「교육에 관한 임시특례법」 제3조 (학교, 학과, 정원등의 정비) ① 문교부장관은 학교의 지역별 또는 종류별의 배치상황, 설립자의 경비부담능력 또는 학교의 시설기준 기타 사정으로 필요하다고 인정할 때에는 문교재건자문위원회의 자문을 거쳐 학교 또는 학과의 폐합을 명하거나 학급 또는 학생정원의 재조정을 할 수 있다.

호한 조처를 취할 방침"이라고 경고했다. '초비상시국'을 망각하고 '감상적 애교심'에 사로잡힌 학생들은 용서치 않을 것이고, 그에 대한 대가를 묻겠다고 담화문을 발표했다.

그리고 정권은 이 일로 서울대 사범대 학장 윤태림을 포함해 교수 3명을 즉각 파면하고 경찰서에 연행했다. 윤태림과 정범모 교수는 군사정권의 교육관련 활동에 적극 참여하여 돕던 중이었지만, 파면 당했다.[65] 더구나 군사정권의 정보부장 김종필과 정범모 교수는 서울대 사대 동문으로 아는 사이였다. 연행된 며칠 후 윤태림 앞에 나타난 김종필은, 내가 없는 며칠 새 일어난 일입니다, 오늘 중으로 석방해 해드리지요, 하고 연행된 교수들을 그 날로 바로 석방했다.[66] 정보부장 김종필의 말처럼 정말 며칠 동안 연행사실을 전혀 몰랐는지 짐짓 모른 체했는지 모를 노릇이지만, 여튼 누구라도 감히 군사정권의 결정을 거역하지 못하도록 본 때는 충분히 보인 셈이었다.

졸속처리니 '페이퍼플랜'이니 하는 견해가 불거져 나왔지만, 군사정권의 공포 분위기 속에서 일은 일사천리로 진행됐다. 1962년 1학기부터 경북대 문리대의 폐과 학생들은 부산대로, 부산대의 법대 학생들은 경북대 법정대로 편입조치 됐다.

---

65 강명숙, 앞의 글, 145쪽.
66 윤태림, 노교수와 캠퍼스와 학생(39), 경향신문 1973.10.20.

전남내와 전북대노 법대, 농대, 상대를 두고 서로 폐과와 편입 조치를 했다. 공립대학교인 충남대와 충북대는 충청대로 통합됐다. 국공립대학 학생들은 인문계와 실업계 비율을 대략 2 : 8로 조정했다.

사립대학 정비안은 훨씬 파급력이 컸다. 11월에 발표된 문교부 최종안에 따르면, 폐교대상 사립학교만 12곳에 달했다. 관동대, 국민대, 국학대, 단국대, 덕성여대, 동덕여대, 동양의약대, 마산대, 원광대, 청구대, 한국사회사업대, 홍익대를 없애고, 주간학교는 25개, 야간학교 8개 학교만 허용했다.

폐교 기준은 서울은 학생정원 700명 미만이고, 지역은 600명 미만일 경우, 동일지역 내 같은 학과가 여러 학교에 설치되었을 때 서울지역은 10개 학교, 지역은 4개 학교 이상 중복되지 않는 범위, 인문 40 : 실업 60의 비율을 유지하는 범위였다. 발표 원안에 따라 명맥을 유지할 사립대학이 25개[67], 그중 18개 학교가 수도권에 있었다. 대학을 지방에 분산하겠다는 지방분산제는 생색내기용 말뿐이었다. 1960년에 수도권 인구가 20.8%인데도 대부분 대학들을 서울에 두겠다는 결정을 하면서 지역분산 운운하는 결정은 기만이었다.

---

[67] 연세대, 고려대, 이화여대, 중앙대, 동국대, 성균관대, 경희대, 숙명여대, 동아대, 한양대, 조선대, 수도의과대, 건국대, 가톨릭대, 대구대, 효성여대, 인하공과대, 서강대, 수도여자사범대, 대전대, 한국외국어대, 청주대, 서울여대, 숭실대, 계명기독대 계 25.

	단과대학수			학과수			학생정원			정비 후 정원	
	현	후	감	현	후	감	현	후	감	순인문	실업등
서울대	12	10	2	78	69	9	12,260	11,100	1,160	2,240	8,860
전북대	5	3	2	19	15	4	3,020	2,080	940	300	1,780
전남대	7	5	2	22	20	2	3,890	2,880	1010	520	2,360
경북대	5	4	1	30	21	9	3,890	2,620	1270	540	2080
부산대	8	7	1	29	23	6	6,040	4,900	1140	220	4,680
춘천농대	1	1		4	4		585	540	45		540
공주사대	1		1	6		6	615		615		
합계	39	30	9	188	152	36	30,300	24,120	6,180	3,820 (17%)	20,300 (83%)

출처 : 대학정비의 건, 문교부, 1961.8.18(“후”는 “정비 후”를 말한다.)

군사정권이 시급히 대학을 정비하려 했던 이유 중 하나는 대학이 “간접침략의 온상”이라는 생각 때문이었다. 세계냉전 시대에 미국은 한국의 대학들에 차관을 지원하고 대학구성원 들에게 미국 유학기회를 확대하면서 대학을 미국화 하고, 대학 내 사회주의 세력들을 사찰하고 추방해 반공의 보루로 만들어 왔다.[68] 휴전한 지 8년, 아직 전쟁의 상흔과 분단의 고통이 선명하던 터라 지원을 내세운 학원의 사상통제는 일반인들과 지식인들에게 모두 먹혀드는 논리였다.

국립대학도 그렇지만, 특히 사립대학은 대학정비의 이유를 스스로 제공했다. 1960년 국정감사에서 밝혀진 바에 따르면,

---

[68] 김정인(2018), 같은 책

사립대학 46곳 중 27개 학교가 법정정원수를 초과하여 학생
들을 선발하고 있었다. 한양대는 모집정원의 약 3배, 성균관
대 야간부는 3.5배의 학생들을 모집했고, 문교부에서도 20%
정도의 초과모집은 묵인하고 있었다. 등록금 상한제가 있던
상황에서 사립대학들은 재정을 채우기 위해 뒷문으로 학생들
을 받았다. 그러면서도 일부 대학들은 주로 토지 매입과 건물
신축에 재정을 쏟아 붓거나 등록금으로 배를 불리고 있었다.
군사정권이 대학정비를 '학원정상화를 위한 교육혁신'이라고
떳떳이 내세우는 이유였다.

<표 4> 사립대학의 학생정원 초과현황(1960.8월 말)

구분	정원	60년도 모집정원	재적(在籍) 학생수	현재 등록학생수	초과학생수	정원초과 또는 부족학생수
총계	53,921	15,858	82,407	77,726	11,850	23,805
서울	42,811	13,008	71,213	68,251	11,424	25,440
지방	11,110	2,860	11,194	9,475	426	1,635

출처 : 윤정일 외, 1979 : 306쪽

<표 5> 대학정비 현황

설립별	5·16 이전		대학정비 후	
	학과수	학생수	학과수	학생수
총계	686	91,540	548	66,410
국립	197	29,440	179	19,320
공립	21	5,240	9	760
사립	468	56,860	360	46,330

출처 : 한국교육연감, 1964 : 29 ; 윤정일 외, 1979 : 307에서 재인용

그러나 임기 8개월도 못 채우고 문희석 장관이 물러나고, 1962년 1월 고려대 김상협 교수가 문교부 장관이 되자마자 그는 대학정비안부터 손댔다. 고려대 설립자이자 이사장 집안 출신이었던 김상협 장관은 사립대학의 입장에 섰다. 살려두기로 했던 사립대학 25개 학교 이외에도 홍익대, 청구대, 관동대를 존치시키고 학생도 2만여 명 대신 1만 5천여 명 줄이는 것으로 변경했다. 그는 군사정권이 그를 향해 "혁명을 망쳤다"거나 "반혁명"이라며 내뱉는 거센 비판에도 "경제 건설 역군을 길러"내기 위해서는 대학 정원을 줄여서는 안 된다는 경제적·교육적 확신이 있었다.[69]

그 해 가을 또 다시 문교부 장관이 바뀌고 1962년 말, 대학정비 재조정안이 나와 학생증원을 예고했다. 1963년 연말, 5·16 이후 폐교되거나 격하된 8개 대학이 부활하고, 학생 수는 2만여 명이 증가해 5·16 이전보다 오히려 7천여 명이 늘었다. 대학생 감원은 없던 일이 됐지만, 대학은 어떻게 해야 군사정권 아래서 살아남는지 똑똑히 경험했다.

1962년 하반기부터 박정희는 애초 민정이양하겠다는 약속을 저버리고 서서히 대통령선거에 출마하겠다는 생각을 굳히고 있었다. 대통령선거에 나설 작정을 한 그에게 대학사회는 무시할 수 없는 세력이다. 대학생부터 대학교수까지 여론을

---

69 강준만, 한국현대사산책 1960년대편 2, 인물과사상사, 2007, 135-142쪽.

주도할 수 있는 지식인층이었기 때문에 굳이 대학사회의 심기를 더 이상 건드릴 필요가 없었다.

문희석 장관 스스로도 대학정비안이 너무 과감하거나 가혹할 수 있다는 점을 인정했었다. 겁은 이미 충분히 줬다. 국민의 표가 절실한 시점, 대학에 당근을 줬다. 그래야 먼저 대학사회의 호응을 얻을 것이요, 좁은 대학입학 문을 넓혀줌으로써 고등학교 학생들과 학부모들에게도 민심을 얻을 수 있을 터였다. "오락가락 행정", 안 하느니 만한 못한 "졸속행정"이라는 비판이야 잠시 스치는 바람일 뿐이었다.

그러나 1963년 대학이나 대학생 수를 거의 회복한 이후에는 이전처럼 대학이 팽창하는 것을 허락하지는 않았다. 1965년 12월에 「대학학생정원령」을 제정하여 학생정원을 법으로 규정하고 정원초과 입학을 금지시켰다. 1966년 12월에는 법안을 개정해 문교부 장관이 입학생 명단을 관보에 공고하도록 해, 이른바 '관보대학생'을 만들었다. 그리고 이후 학위등록제까지 실시하여 대학정원을 관리했다. 하지만 1969학년도 학사 졸업생의 22%가 정원 외 학생일 정도로 학생정원은 육십 년대 내내 제대로 지켜지지 않았다.[70]

1966년 새해 초, 전국의 국립대학들은 61년 대학정비안보다 훨씬 당혹스러운 문교부 계획을 마주해야 했다. 지역 국립대

---

70 동아일보 1969.12.19 대학생정원제의 선용.

학들을 팔겠다는 "불하"계획이었다. 서울대와 공주사대, 부산수산대, 해양대만 놔두고 경북대, 부산대, 전남대, 전북대, 충남대 5개 국립대학교와 제주대, 춘천농대, 충북대 3개 국립단과대학을 1973년까지 민간에 완전히 팔아 사립화 하는 방안을 검토한다는 발표가 나왔다. 국립대학이라고 하지만 설립과정에서 국가가 재정을 별로 책임진 바도 없는데, 지역 국립대학들을 팔아 그 돈으로 의무교육비에 보태겠다는 무책임한 발상이었다.

중앙교육연구소장을 비롯하여 일부 교수는 지방에 국립대를 둘 필요가 없다며 문교부 계획을 옹호했지만, 지역 국립대학 불하안에 비판적인 여론이 훨씬 높았다. 권오병 문교부장관이 그저 연구해 본 방안이라며 한 발 빼면서 이 안은 철회되었다. 하마터면 전국에 유일한 종합국립대학과 몇몇 국립단과대학만 남기고 대한민국이 사립대학 천국이 될 뻔한 소동이었다. 정부의 국공립대학에 대한 인식이 이러니 현재 대한민국에 사립대학이 80%를 차지하게 된 현실도 우연이 아니다.

대학교육의 질을 관리할 책임이 정부에 있다고 해도 군사작전처럼 밀어붙인 대학정비 소동은 사회적 불신만 낳았다. 군사정권 스스로 1년 후 "졸렬한 대학정비조치"가 "혁명문교정책 중 최대의 실책으로 비난 지탄 받았다"고 자평했

디.[71] 그리고 이때는 무엇보다 인구학적으로도 경제정책상으로도 교육학적으로도 대학을 증원해야 할 시점이었다. 현실진단과 미래전망이 부족한 개악이었다.

심사하고 시험하라

육십 년대에 대졸 학력만 있으면 교수되기가 그리 어렵지 않았다. 대학과 대학생은 늘고 있는데 가르칠 사람들이 부족했다. 1965년에는 대학교수 중 약 절반이 학사출신이었다. 대학을 미처 졸업하지 못했어도, 연구 성과가 없어도, 해방 이전에 관료생활 했거나 이름난 사람이면 충분히 교수자리를 얻었다. 일제시대 제국대학 출신이면 어느 대학에서나 곧잘 천재라 불리며 교수생활을 했다. 연구시설도 연구비도 마땅찮았던 시절, 연구자로서 교수는 필요하지도 않았고, 교수가 연구자 노릇할 형편도 아니었다. 근대지식을 잘 가르치는 교육만으로도 충분했다. 교수는 인맥으로 자리를 얻었고, 그렇게 모인 교수들 중에는 교육에 서툰 이들이 많았다. 그래서 4·19 직후 대학생들은 어용교수와 함께 '무능교수' 퇴진을 외쳤던 것이다.

군사정권은 교수의 능력을 제고하는 방법으로 연구실적 심

---

[71] 경향신문 1962.7.23 반발과 혼란의 초래.

사제를 처음으로 도입했다.[72] 특례법에 따라 교수들은 문교부의 교수연구실적심사위원회에 연구실적을 제출해 심사받았다. 서울대에서는 1963년까지 208명의 교수가 연구실적을 제출했다.[73] 비록 연구환경이 제대로 조성되지 못했고 교수 신분 또한 불안했지만, 교수의 채용과 승진에 연구실적 심사제를 도입한 것은 매우 의의가 컸다. 적어도 학문적 업적이 교수로서의 기본자격이라는 사실이 널리 각인되었다.

교수의 자격만큼이나 학생 자격도 통제의 대상이었다. 4·19 혁명 이후 많은 대학생들은 학원민주화 운동과 함께 이대악법 반대투쟁과 통일운동에도 동참하며 기존 반공사회질서를 흔들었다.[74] 대학생들이 외친 "가자 북으로! 오라 남으로!"라는 구호는 분단의 현실과 통일의 미래를 품고 있었다. 휴전한지 채 10년이 안 된 시점에 남북 상호 교류는 한낱 구호가 아니라 통일로 가는 지름길이었다.

그러나 군사정권이 보기에, 대학생들의 이런 사회정치행동은 빨갱이짓이었다. 더 근본적으로는 공부 안 하는 대학생들이 문제였다. 공부하기 싫은 학생들이 데모한다고 확신하고 있었기 때문이었다. 공부하기 싫은 대학생과 실력 없는 대학

---

72 교육에 관한 임시특례법 제10조(대학교원의 임용상 실적심사) 국공사립대학교 또는 대학에서 전임강사 이상의 교원을 신규채용 또는 승진임명함에 있어서는 소정의 자격을 가진 자로서 연구논문 또는 저서를 교수자격심사위원회에 제출하여 그 심사에 합격한 자로 하여야 한다.
73 서울대학교 70년사 편찬위원회, 서울대학교 70년사, 서울대학교, 2016, 298쪽.
74 윤정원, 제2공화국 시기 대구지역 통일운동의 조직과 활동, 사회와 역사 108, 2015, 189–225쪽.

교수들을 관리하기 위해서는 시험제도가 필요하다는 여론이 1950년대 후반부터 나오고 있었다.

> 문교부가 대학교육에 앞으로 할 일은 첫째로 학사학위 수여에 대한 연합고시제 같은 것을 단행하여 대학교육의 내용을 충실케 할 것, 둘째로 대학교원자격검정시험을 실시하여 학력부족한 자가 대학교수랍시고 강단에 서는 일이 없도록 해야겠다는 것이다.[75]

대학의 "적폐"를 청산하기 위해 "혁명정부"는 대학입학시험과 학사자격시험을 국가고사제로 시행하기로 결정하였다. 1961년 8월과 9월에 「중학교·고등학교 및 대학의 입학에 관한 임시조치법」과 「교육에 관한 임시특례법」을 공포해 국가가 대학입학시험과 졸업시험(학사자격고시)을 실시하도록 만들었다.[76] 두 시험은 대학과 대학생을 한꺼번에 통제할 좋은 방도였다.

---

[75] 동아일보 1957.12.26 횡설수설

[76] 「중학교·고등학교및대학의입학에관한임시조치법」 2조 (입학에 관한 특별조치) ① 3. 대학(사범대학을 포함한다)에 입학할 수 있는 자는 교육법 제111조의 자격을 가진 자로서 국가에서 시행하는 고사에 합격한 자로 한다. 「교육에 관한 임시특례법」 제21조 (학사학위) ①학사학위는 4년제 대학(사범대학을 포함한다)의 전 과정을 이수하고 국가에서 시행하는 학사자격고시에 합격한 자에게 수여한다. 제22조(벌칙) ③제21조 제1항의 규정에 의한 학사학위고시에 관하여 비밀을 누설한 자는 2년 이하의 징역이나 금고 또는 5년 이하의 자격정지에 처한다. ④ 학사학위고시에 관하여 부정한 채점 또는 부실한 기재를 한자는 10년 이하의 징역에 처한다.

그렇다고 군사정권이 무조건 시험을 선호하지는 않았다. 서열화 된 "일류" 중·고등학교 체제가 굳어진 육칠 년대에 중학교 입학시험을 과감히 폐지하고 고등학교 평준화 정책을 도입한 세력이 바로 이들이라는 점을 되새겨 보면, 무작정 시험으로 학생을 통제하려던 의도는 아니었다. 국가주의 가치관을 중심으로 교육하되, 중등교육 단계에서는 교육기회를 확대하고 대신 방만하게 운영되던 고등교육은 확실하게 관리할 필요가 있었고 그 방법 중 하나가 평가 혹은 시험이었다.

갑작스러운 국가고사를 대학이 쉽사리 수용하지는 않았다. 우선 대학입학시험과 학사자격시험을 사지선다형으로 출제한다는 사실에 대학인들은 반발했다. 선다형 시험은 단순암기위주 평가로 흐를 가능성이 농후하기 때문에 전문지식을 다루는 고등교육계에서 반길 이들은 없었다. 입학시험은 말할 필요도 없고 졸업자격을 따진다는 학사자격시험의 전공과목까지 선다형으로 출제한다는 사실에 평가의 부실논란을 피할 수 없었다. 또한 과목별 시험을 포함한 전체 교육과정을 다마친 예비 졸업생에게 졸업자격을 묻는 시험을 또 부과한다는 점에서 옥상옥 논란이 불거졌고, 대학의 자율성을 침해한다는 비판이 드셌다.

<표 6> 학사자격고시 합격자 수

구분	졸업예정자	응시자	합격자	불합격자
1961년	25,773	18,017 (졸업예정자의 72%)	15,268	2,749
1962년	27,047	24,857(교양) 24,756(전공)	22,568	254(전공)

참조 : 경향신문 1962.1.22., 1962.10.27., 1963.1.9. ; 동아일보 1963.1.8.

학사자격고시는 도입 1년 만에 저항에 부딪혔다. 학사자격고
시가 계속 문제가 되자 국가재건최고회의 상임위원회에서 전공
과목 시험을 각 대학에 위임할 것을 논의했다.[77] 결국 학사자격
고시는 1년 후에 변화를 맞았다. 시험을 국가가 관리하되, 출제
권한은 대학에 줘서 주관식 문제도 출제할 수 있도록 하였다.

이런 제도 변화에도 학사자격고시는 대학생들의 조직적인
저항에 부딪혔다. 1961년 첫 시행 당시 학생 입장에서는 학사
자격고시가 날벼락 같았다. 9월에 법이 공포되고 12월에 시험
을 쳐야 했다. 이 시험을 통과 못하면 학사자격 없이 졸업해
야 할 신세였다. 게다가 문교부는 무자격자를 채용하지 말라
고 공공기관에 종용하고 있었다. 불안 속에서 이 해 시험을
치른 응시생들은 정작 시험문제가 너무 유치하다며 한 목소
리를 냈다. 정권은 바로 그 유치한 문제에도 불합격자들이 있
으니 그들에게는 학사자격을 안 주는 게 정당하다며 시험의

---

[77] 국가재건최고회의상임위원회 회의록 제68호, 1962.9.12.

정당성을 설파했다.

그러나 이듬 해 시험 때는 달랐다. 학생들은 10월 초부터 시험 철폐를 요구했다. 연세대 학생대의원 회의에서 시험의 모순과 행정적 준비 부실을 지적하며 문교부 장관에게 진정서를 제출하기로 결의했다.[78] 이후 고려대, 서울대, 연세대 등 서울시내 14개 대학 학생들이 학사고시 거부를 결의했고,[79] 전남대 등이 포함되어 10월 17일에는 전국 17개 대학 학생대표들이 학사고시의 문제점을 지적하고 성명서를 발표하는 등 행동에 나섰다.[80]

학생들의 저항에 당시 국가재건최고회의 본회의에서 박정희 의장이 직접 나서서 시험의 강력한 추진을 천명하면서 "착실하게 공부하는 학생은 가만있는데 공부를 싫어하는 일부학생들이 책동하여 반발한 것"이라고 비난했다.[81] 문교부에서는 각 대학에 4학년 출석상황을 날마다 보고하도록 지시하고, 긴급 전국총·학장회의를 개최해 학사고시 전원 응시를 촉구하는 결의문을 발표했다.[82] 응시를 방해하거나 저지하면 엄단하겠다는 경고는 경고에 그치지 않았다. 서울시경은 학사고시를

---

78 경향신문 1962.10.8 학사자격고시 철폐 건의.
79 경향신문 1962.10.13 학사고시반대결의 서울시내 14개대 학생대표.
80 경향신문 1962.10.16 전남대도 반대운동 ; 경향신문 1962.10.17 "지각 있다고 자부".
81 동아일보 1962.10.16 국가시책에 따르지 않는 학생은 법으로서 조치한다.
82 경향신문 1962.10.19 대학 4년생 출석인원 매일 보고하도록 ; 경향신문 1962.10.20 학사고시를 지지.

이십여 일 앞둔 시점에 시험을 반대하는 경북대, 부산대, 연세대 학생 등 9명은 연행해서 6명을 구속했다.[83]

논란 속에서 1962년 학사자격고시를 치르고 1963년 초부터 내각에서도 기존 문교정책을 수정하자는 목소리가 나왔다. 군사정권도 응시자 절대 다수가 합격하는 낭비성 시험을 존속시킬 명분이 없었다. 결국 1963년 4월 2일 「교육에 관한 임시특례법 중 개정법률안」과 「중·고·대학교의 입학에 관한 임시조치법폐지에 관한 법률안」을 각각 통과시켜 최종적으로 학사자격고시와 입학자격국가고시제를 폐지하였다.[84] 대학입학시험도 과거처럼 각 대학에 맡겨졌고, 학사자격도 자격시험 없이 대학졸업과 함께 주어지게 되었다.

---

[83] 경향신문 1962.10.18 학사고시와 캠퍼스의 표정 ; 동아일보 1963.1.19 학생정치관여 엄단 학사자격고시는 이삼년 더 ; 동아일보 1962.10.22 주동학생 9명을 구속 ; 경향신문 1962.10.25 학사고시 반대한 학생 9명 구속송청 ; 동아일보 1962.10.26 학사고시반대 혐의사실 시인, 송청된 대학생 9명 ; 동아일보 1962.11.13 3명 석방, 학사고시반대 6명 구속기소.

[84] 경향신문 1963.4.2 최고의 통과 학사고시 등 폐지.

3. 유신의 교육 이상과 대학체제

1970년대는 "고등교육의 연대"라 부를 만했다.[85] 박정희 정부는 1970년대에 고등교육제도를 체계적으로 개혁하려고 주도했다. 정부는 1960년대 말부터 장기적이고 종합적인 고등교육개혁의 필요성을 인지해 1969년 초 장기종합교육계획심의회가 발족하고, 1971년 9월 교육정책심의회에서 고등교육분과위원회를 만들어 본격적인 고등교육개혁을 구상하고 실시하였다. 저항을 초래했던 61년도의 허술한 교육실험과 달리, 칠십 년대 고등교육개혁은 충분한 준비를 거쳐 강력한 모습으로 돌아왔다. 한국 고등교육의 기본 체제가 이 때 만들어졌다고 할 수 있다. 이 때 만들어진 고등교육의 이상과 체제는 한국 고등교육에 오래 영향을 미쳤다.

---

[85] 김영화, 앞의 책, 197쪽.

민심에 억행하는 불리력이나 부실한 대안 대신에, 대학 자율이라는 명분을 곤잔 내걸고 정권은 깅하게 개혁을 추진했다. 이른바 "국적 있는 교육"이라는 정신 아래, 고등교육기회 확대, 실험대학, 대학특성화, 지역대학 강화, 연구기반 조성을 추진했다. 대일청구권자금과 교육차관을 얻어 대학에 투자했다. 대학의 체제는 정비되기 시작했다. 대학입학생들은 관보에 등록되고 재학생들은 꼬박꼬박 강의에 출석하고 교수들은 연구비를 받아 국가정책연구를 수행하거나 평가교수단에 들어가 국정에 기여할 기회를 얻고 대학원에서는 학위논문이 차곡차곡 쌓여가던 대학 제도화의 시대였다. 전국의 대학들이 정부가 추진하는 "실험대학"에 가담하고 지역에 따라 학문분야를 특성화하던 실험대학의 시대요, 대학특성화의 시대였다. 높이 쌓아올린 캠퍼스의 성채는 단단해 보였다.

대학체제 정비는 신식 캠퍼스로 나타났다. 서울대가 관악산을 낀 거대한 통합 캠퍼스를 얻고, 충남대가 드넓은 캠퍼스로 이전하였고, 다른 국립대학들에도 공과대학을 비롯한 여러 시설물이 착착 건설되었다.[86] 사립대학들도 지역에 캠퍼스를 세웠다.[87] 지역대학 육성이라는 차원에서 정부가 지역 캠퍼스

---

[86] 「유기춘 문교부 장관 취임 제1주년 업적」, 문교부, 1975 ; 동아일보 1978.10.11 교수충원계획의 방향 : "1979학년도 대학입학정원을 올해에 비하여 37.4%인 18만 1천9백2명으로 대폭 증원하였는데 이에 따른 시설의 확충과 교수진의 충원이 큰 문제로 등장하였다. 4만 9천여 명이 증가되는 대학입학정원에 대한 뒷받침으로 새해 예산안에 반영된 것은 국립대학 시설확충비 3백84억 원과 교육차관 도입 75억 원뿐이다."

를 세우는 대학들에 입학정원을 증원해 주니, 지역에 캠퍼스를 확보하느라 부산했다. 전 국토가 개발붐으로 술렁이던 때에 대학들도 부동산 확보전에 뛰어들었고, 또 근사한 캠퍼스를 세웠다.[88] 영남대는 100만평 평지에 이십 층짜리 중앙도서관 건물 등을 신축하는 '맘모스 계획'을 진행했다. 박정희 대통령은 영남대를 방문하여 10년, 20년이 걸리더라도 최고학부에 걸 맞는 캠퍼스를 만들라고 특별히 지시했다.[89] 바야흐로 대학은 거대화된 캠퍼스 안에서 새로운 시대에 접어들었다.

대학 외곽에는 국가적 과제를 수주 받아 진행할 국책전문연구기관들이 생겨났다. 한국과학기술연구소(1966), 한국개발연구원(1971), 한국교육개발원(1972), 정신문화연구원(1978)이 국가정책을 선도적으로 이끌었다. 아직은 대학이 학생교육에도 급급하던 때인지라, 국가가 집중적으로 투자하여 국가가 원하는 연구결과를 빠른 시간 안에 얻기 위해서 이런 국책연구기관들이 필요했다.

---

[87] 경향신문 1978.10.11 : "수용능력의 한계 때문에 동아대, 계명대, 경상대 등 상당수의 지방 대학들이 좁은 캠퍼스를 벗어나기 위해 학교의 이전을 추진하고 있으며 영남대, 조선대, 전북대 등은 70만~1백 50만평의 광활한 교지를 확보, 시설확충을 꾀하고 있다."

[88] 동아일보 1973.6.6 꿈과 지성의 요람 캠퍼스, 25개 대학 캠퍼스를 산책한다 ; 동아일보 1979.9.4 전국 종합대 캠퍼스 안내.

[89] 매일경제 1971.9.6 '생산하는' 캠퍼스로.

유신 교육을 이끈 장관과 총장들

국민교육헌장이 발표된 때는 1968년, 권오병이 두 번째 문
교부 장관을 맡은 해이다. 첫 문교부 장관 시절에도 독선적인
언동이 문제였던 그인 만큼, 법무부 장관을 거쳐 곧바로 두
번째 문교부 장관으로 복귀한 뒤에도 달라지지 않았다. 1967
년 재선 이후 장기집권 계획에 들어선 대통령으로서는 교육
의 장악도 중요했기 때문에 권오병 장관을 다시 문교부에 불
러 들였다. 문교부에 와서 대통령 지시에 따라 즉시 국민교육
헌장 제정에 착수했다. 연말에 대통령 박정희의 이름을 크게
박아 국민교육헌장을 발표하였다.

국민교육헌장은 제정 된 때부터 학생들 머릿속을 완전히
장악했다. 학생들은 국민교육헌장을 암기하고, 스스로 "민족
중흥의 역사적 사명"을 띠고 태어났음을 목청 높여 외쳐야 했
다. 민족중흥의 역사적 사명을 띠고 태어난 아이들은 개인이
아니라 민족적 인물이자 국가적 인물로 정체성을 형성했고,
어린 나이에도 국가적 소명에 부름 받은 뿌듯함이 없지 않았
다. 국민교육헌장은 유신이 종말을 맞을 때까지 실질적인 교
육지표였다.

그리고 1968년 중학교 무시험제의 발표는 그야말로 충격적
인 사건이었다. 권오병 장관은 "쇼킹 문교행정 연발"[90]의 대
명사다웠다. 일류중학교 입학을 위한 맹목적인 입시교육과 부

정부패가 만연한 때, 무즙파동을 겪고 창칼파동 소송으로 야단법석이던 때, 중학교 입학시험을 없애겠다는 발표는 교육의 방향을 갑자기 반대로 확 틀어버린 일대전환이었다. 박정희 정권이기에 가능했다. 또한 일류학교와 서열화에 익숙하던 기득권세력에게는 청천벽력이었지만, 수많은 베이비붐세대 초등학생들과 그 학부모들은 환호하였기에 가능했다.

게다가 1968년 또 하나의 발표, 바로 대학입학예비고사 실시였다. 사립대학들의 계속 되는 정원초과 입학과 부정비리를 한 몫에 잡을 카드, 시험제도 카드를 다시 꺼내들었다. 대학입학예비고사는 국가가 출제한 선다형 시험으로 입학자격자를 선발하면 그 자격자들을 대상으로 대학마다 각기 본고사를 치는 대학입학정책이었다. 찬반논란도 있었지만, 입학비리가 만연한 상황에서 적어도 시험제도 테두리 내에서만큼은 객관적이고 공정한 예비고사가 당시로선 긍정적인 측면이 컸다. 그러니 평소 고압적인 태도와 국회를 무시하는 발언이 문제가 돼 국회의 해임건의안이 통과됨으로써[91] 권오병 장관은 두 번째 문교부 장관직도 일 년 만에 물러났다. 일부 여당의원조차 해임건의안에 동의해 권오병 장관의 밀어붙이기식 행정에 제동을 걸었다.

권오병이 물러간 자리에 홍종철 장관이 들어왔다. 박정희

---

90 경향신문 1974.11.4 여적 : 문교행정
91 동아일보 1982.2.4 비화 삼공화국 : 제1화 장기집권의 길목 삼선개헌.

소장과 함께 쿠데타를 수도한 홍종철 대령은 쿠데타 이후 국가재건최고회의 최고위원, 초대 대통령경호실장, 문교부 차관, 문화공보부 장관 등을 지낸 이로 대통령의 신임을 한 몸에 받았다. 1961년 이래 문교부 장관으로서 2년 넘게 재임한 첫 인물이었다. 홍종철 장관은 권오병 장관이 계획한 안을 집행하고, 이공계 중심의 대학 확대, 장기적인 고등교육개혁안 등에 관한 논의를 시작했다. 재임기간 중 대학생들이 1969년 삼선개헌반대투쟁과 1971년 교련반대투쟁을 벌이자 이에 맞서 강력한 진압과 휴업령을 내려 말썽이 됐다. 1971년 대통령취임을 맞아 실시한 개각단행으로 장관직에서 물러났다. 당시 본인이 내린 휴업령을 철회하지도 못한 채 물러나는 걸 못내 아쉬워했다.

유신시기의 첫 문교부 장관은 1971년 임명돼 1974년에 물러난 민관식이었다. 그는 1972년 6월 고등교육개혁 방안을 발표하면서 본격적인 대학개혁에 착수하였다. 국제 세미나와 지역 세미나를 거쳐 1973년 이후부터 실험대학과 대학특성화, 박사학위제도 변경 등 각종 개혁안을 실시하였다. 이때가 한국 대학의 기본적인 체계를 갖춘 시기였다. 동시에 1971년 10월 15일 발표한 학원안정화 조치는 유신을 위한 준비이자 유신시대에 대학생을 통제하는 방법을 미리 보여준 유신교육의 예고편이었다. 그는 문교부 장관으로서 무려 3년 3개월이라는 가장 긴 재임기간을 보낸 인물이었다. 1974년 육영수의 피살로 단행된 개각으로 그도 물러갔다.

스스로 "둔마(鈍馬)"라 부르며 대통령의 채찍을 달리던 유기춘 장관[92]은 1965년 권오병 장관시절부터 거론하던[93] 학도호국단을 마침내 창설하였다. 뿐만 아니라 교수재임용제도도 실행했다. 긴급조치 9호 아래서 누구보다 유신정권에 충성한 유기춘 장관은 장관 재직 중에 쓰러져 이후에 생을 마감했다. 권오병, 홍종철, 민관식, 유기춘 장관이야말로 유신시대의 교육을 이끈 이들이다.

황산덕과 박찬현 장관은 긴급조치 9호 아래서 운신의 폭이 매우 좁았다. 한일협정을 반대한 이유로 서울대 교수에서 파면당한 적 있었지만 1966년에 황산덕은 정부시책에 무조건 반대하는 것이 능사가 아니라 현실정치에 관심을 갖고 건설적으로 협력하는 것이 지식인의 임무라고 설파한 적 있다.[94] 그의 신념대로 1974년에 법무부 장관에 올랐고 1976년 연말에는 문교부 장관이 되어 "투철한 국민적 자질함양과 한국 민주주의 신념을 심화하기 위해 교육내용의 한국화"를 꾀하고자 했다. 당시 시급한 과제였던 재수생 문제 대책과 연구비 인상 등의 정책을 추진했다.[95]

---

92 진안신문 2009.8.10 지나친 겸손은 예의가 아니다.
93 동아일보 1965.9.21 맹점에 비난 돌풍, 대학교육정상화방안이란 이름의 권 문교 제3안; 경향신문 1966.28 통신방송 취소조항삭제, 교육감 임기 단축 않기로.
94 김건우, 대한민국 설계자들, 느티나무책방, 2017, 105~118쪽; 경향신문 1986.9.13 원로학자에 듣는다. 황산덕 박사 "정쟁 없애야 정치후진국 벗어나".
95 경향신문 1977.2.4 반사국·반사회행위 엄단; 동아일보 1977.2.4 일부인문고교를 공고로 전환 검토, 박대통령 순시 문교부서 보고; 경향신문 1977.7.22 박 대통령, 재수생 채택

　　박친현 장관은 1948년 정부수립 이후 정치인으로 활동하다 1971년부터 터키, 사우디아라비아, 빙글라데시 등에서 대사를 지내다 유정회 국회의원을 역임한 인물로서 문교부 장관직은 그에게 상당히 이질적인 경력이었다. 1977년 12월 유신정권의 마지막 문교부 장관이 되어 유신말기의 고등교육 정책을 착실히 수행하였다.

<표 7> 문교부 장관(1968–1979)

장관	경력	재직기간	
권오병	* 중학교 무시험제, 대학입학예비고사, 국민교육헌장 발표 * 국회 해임건의안 통과로 해임	1968-05-21	1969-04-10
홍종철	* 5·16 주도세력, 군 출신 * 삼선개헌반대, 교련반대투쟁 당시 휴업령 내림	1969-04-11	1971-06-03
민관식	* 고교평준화 추진 * 학도호국단 추진 * 고등교육개혁(실험대학, 대학특성화사업 등) 착수 * 민주공화당 국회의원	1971-06-04	1974-09-17
유기춘	* 전남대 총장에서 문교부장관으로 * 학도호국단과 교수재임용제 실시 * 임기 중 뇌일혈로 쓰러짐	1974-09-18	1976-12-03
황산덕	* 전 법무장관에서 문교장관으로	1976-12-04	1977-12-19
박찬현	* 국회의원에서 장관으로	1977-12-20	1979-12-13

등 보고받고 지시, 교육제도 공업입국에 맞게.

유신체제기의 문교부 장관들이 비교적 긴 재임기간을 누리며 유신교육을 추진했듯이, 국공립대학 총장과 학장들도 정권에 협력하며 안정된 임기를 보냈다. 부산대에서는 신기석이 1968년 "박정희 왕립대학"이라 불리던 영남대 초대총장으로 불려간 한 해 빼고 1963년부터 1973년 2월까지 약 10년 동안 부산대 총장을 지냈다. 경북 안동 태생에 대구에서 중등학교를 다닌 데다 만주에서 대동학원을 나오고 고등관을 지낸 인물이다.[96] 대통령과 동향출신인데다 만주국 관료경험까지 있었던 신기석 총장에 대한 대통령의 신뢰는 컸다. 신기석 총장 다음에는 1973년부터 1975년까지 윤천주 전 문교부 장관이 부산대 총장으로 임명받았다. 1976년 임명된 허종현 총장은 긴급조치 9호 아래서 대학의 자율성을 거의 발휘하지 못했다.[97]

　　경북대에는 박정희와 대구사범학교 동기인 김영희를 1972년부터 1979년끼지 총장으로 연속 임명했다. 1978년 11월 학생들의 격렬한 반유신시위로 홍역을 치르고 1979년 2월 임기를 채우지 못하고 총장직에서 물러났다. 그는 약 8년 동안 누구보다 충직한 "유신총장"이었다. 전남대에는 1974년 9월 문교부 장관으로 옮겨가기 전까지 유기춘 교수가 총장으로 있다가, 1974년 9월 이후에는 민준식 교수가 1980년까지 총장직

---

96 한국민족문화대백과사전(http://encykorea.aks.ac.kr).
97 부산대학교 70년사 편찬위원회, 부산대학교 70년사, 부산대학교, 2016, 174–175쪽.

을 맡았다.

서울대에서는 경북 경산에서 태어나 대구고등보통학교를 졸업했던 최문환이 1966년 총장으로 임명되었다. 1970년 그의 갑작스런 졸도 이후, 유신시기에는 경성제국대학 의과대학 출신 한심석 총장이 1975년 5월까지 연임을 했다. 긴급조치 9호 발동 직후 임명된 윤천주는 부산대 총장과 문교부 장관을 거쳐 서울대 총장이 되었다. 학도호국단 사열식 때 "받들어 총" 구령을 아홉 번이나 외쳤는데도 모든 학생들이 총장을 무시했을 만큼,[98] 그의 친유신 성향에 대한 학생들의 반감이 컸다.

충남대는 1973년부터 1977년까지 박희범 전 문교부 차관이 총장을 역임했다. 1975년 문교공보위원회 국회의원들로부터 '박희범 총장의 과잉충성 덕택에 충남대 입학정원이 대폭 느는 것 아니냐'는 비판을 받을 만큼 정권친화적 인물이었다.[99] 그는 경북 김천 출생으로 대구에서 학교를 다녔고, 1968년 권오병 장관 시절 문교부 차관을 지냈던 인물이다. 박정희의 연고주의는 총장을 임명할 때도 여지없이 발휘되었다.

유신이념에 충실했던 이들은 문교부 장관과 국립대학 총장직을 오갔다. 당시만 해도 국립대학 총장의 지위는 상당히 높아서 지역사회에서 관용차 1번(예. 경북 1111번)을 국립대학 총장들이 받았으며, 지역행사에서 의전서열로 맨 앞자리를 차지했

---

[98] 교수신문 2013.4.8 정권 따라 진퇴 결정된 '국립 서울대 총장'.
[99] 제91회 제3차 문교공보위원회 회의록 1975.3.15.

다. 대학교의 학도호국단 창설 행사나 개교기념일 같은 행사에도 도지사와 시장, 지역 중요인사들이 반드시 참석했었다. 정권에서 부여하는 지위가 높았던 만큼, 정권으로부터 자율성은 없었다. 문교부에서 지시하는 대로 학내에 중앙정보부 요원을 상주시키고, 학생들과 교수를 감시 처벌하는 임무를 훌륭하게 수행했다. 총장들과 장관은 학생들의 민주화 시위 때마다 전국 국공립 혹은 전국 국공사립 대학 총·학장 회의를 개최해 정부와 한 목소리를 냈다. 당시 많은 대학 총장들에게 "어용교수"나 "어용총장"이라는 딱지가 붙었던 까닭도 이 때문이다.

이념 : "국적 있는 교육"

1973년, "국적 있는 교육"이 선포되었다. 유신 직후부터 대통령은 기회가 있을 때마다 "10월 유신은 국적 없는 정신적 방랑아를 거부한다."며 국적 있는 교육을 외쳤다.[100] 유신의 서막이 열리던 1971년부터 "국적 없는 교육"에 대한 질타가 흘러나오더니 대통령과 문교부 장관도 교육의 '국적' 찾기에 동참하였다.[101] 유신 선포 이후 대통령과 교육계는 본격적으로 "국적 있는 교육"을 선전하였다. 민주주의도 "한국적 민주

---

[100] 1973.2.26 박정희 연설 : 서울대학교 졸업식 치사.
[101] 동아일보 1971.2.3 교과개편 밀고 가는 홍종철 문교장관 "과학 발맞춘 능률적 교육을".

주의"라며 국적을 따지던 때이니 교육의 국적 찾기도 당연했다.

교육의 국적 찾기는 가난한 식민지 독립국가이자 미군정을 거친 분단국가의 국민들과 지식인들에게 무리없이 수용됐다.[102] 정권으로서는 국가가 처한 모든 위기에 맞서 국민들의 총화단결을 명령하는 도구어가 '국적'이었다. 교육의 국적 찾기는 한편으론 국력증강을 위한 산업화 기술인력양성 논리로 변신했고, 다른 한편으론 정권이 표방하는 '국적'에 동의하지 않는 비국적자를 배제하는 반인권적 반민주적 반공교육 논리로 이어졌다.

"국적 있는 교육"의 포문은 1972년 3월 24일 77개 대학 총·학장을 포함해 전국 8천여 명의 교직자들이 참여한 제1회 전국교육자대회[103]에서 대통령의 연설로 열었다. 이 자리에서 대통령이 "우리교육의 국적을 되찾아야 할 때"라고 선포했다. 언론은 이 말을 그 해 대통령 어록에 포함시킬 정도였다. 유신 선포 이후 박정희 대통령은 여러 간담회와 지시를 통해 "국적 없는 교육"을 집중적으로 비판했다.[104] 그리고 드디어 1973년 유신체제 아래서 장학방침이자 문교정책 방침으로 "국적 있는 교육 실시"가 확정되었다.

---

102 이숭녕, 미국교육제도도입의 비현실성, 신동아 223, 1976.4, 69~73쪽 ; 유형진, 무국적 탈피와 그 방향, 매일경제 1972.12.22 교육혁명(59) 대책(1) 학교교육의 개선방향.

103 동아일보 1972.3.24 대구서 전국교육자대회 개막.

104 경향신문 1972.12.26 8대 취임을 앞두고 본 박정희 대통령 어록 ; 매일경제 1973.4.17 10월 유신 6개월 박대통령어록에 담긴 그 이념과 방향(4).

그렇다면 대통령이 그토록 비판했던 '국적 없는 교육'이란 무엇인가. 1971년 홍종철 문교부 장관은 "종래의 경험주의 교육방식"을 지목했고,[105] 당시 성신여대 김선양 교수는 "민주 국가라면 어느 나라에 실시해도 타당한 교육"이 '국적 없는 교육'이며, 이런 교육은 "향토애, 국가애, 세계에 기여할 정신자세 등이 결여돼 있"다고 비판했다.[106] 1976년 유기춘 문교부 장관도 "보편적인 세계 시민교육 같은 그런 냄새"가 나는 교육을 문제 삼았다.[107] 이런 논리는 박정희 대통령의 입을 통해 그대로 반복됐다.

한국인이 아니라 세계인을 양성하는 교육을 해왔다. 우리의 교육은 만국공통의 국민을 만드는 것이 아니라 대한민국의 충실한 국민을 만들어야 할 것이다.(장관회의에서, 1973)

우리가 개성을 존중하며 창의와 자발적 활동을 조장하는 교육에 힘을 기울여 온 나머지, …… 국민으로서의 책임과 의무의 완수, 그리고 협동심과 봉사 정신 및 희생정신의 고취가 부족하였음을 지적하지 않을 수 없습니다. 다시 말해서, 영리한 사람으로서 오붓한 향락 생활이나

---

[105] 동아일보 1971.2.3 교과개편 밀고 가는 홍종철 문교장관 "과학 발맞춘 능률적 교육을".
[106] 김선양, 이기심 깨우쳐야, 매일경제 1972.2.2.
[107] 제95회 제4차 문교공보위원회 회의록 1976.3.

추구하는 시민 교육에만 힘을 써 왔으며, 진실한 의미에
서의 우리 전통과 확고한 국가관에 뿌리박은 국민 교육
에는 미흡했다고 하지 않을 수 없습니다. 혹평을 한다면,
우리는 그 동안 국적 없는 교육을 해 왔다고 할 수 있읍
니다.(전국교육자대회에서, 1972)

대통령과 문교부 장관이 말하는 '국적 없는 교육'이란 미군
정기에 도입된 교육철학, 즉 개인의 자유와 권리를 강조하는
'시민교육', '세계시민교육'을 일컬었다.

'국적 없는 교육'에 대한 비판 논리는 인류보편적 가치교육
을 서구종속적이고 국가의식이 없는 개인주의적 교육이라고
몰아 부치는 논리였다. 특히 자유와 민주주의를 지향하는 대학
인들은 "추상적인 '세계인'의 환상"에 빠진 존재이며, 이들은
현실을 모르는 비애국적 정신 상태라는 비난을 덧붙였다. 유신
정권은 탈서구적, 민족주의적, 국가주의적 인간을 지향했다.

오랫동안 미국에서 유학을 했고 4·19혁명 시기 문교부 장
관을 지낸 오천석은 이런 비난들이 반민주적 행위이자 미래
를 내다보지 못한 단견이라 반박했다. 그는 민주교육 창도자
를 비애국적 인물로, 민주교육을 미국교육의 모방이자 "무국
적교육"이라 매도한다고 한탄했다.[108] 하지만 모든 힘은 유신
정권에게서 나오던 시절이었다.

---

[108] 오천석, 외로운 성주, 광명, 1975, 148쪽.

정부에서 내세운 '국적 있는 교육' 이념은 일제말기 총력전 체제 당시 황국신민으로서 인문정신과 시민정신을 "삭제(削除)"하고 철저히 "국체"를 위해 "인고단련"하고 "봉사"하는 인간이 되기를 강조하였던 논리, 마침내 모든 인간을 전쟁의 도구로 삼으려 했던 "국체명징" 논리[109]와 유사하다.

유신정권은 국체명징을 독립된 분단국가에 맞게 업그레이드해서 '국적 있는 교육' 논리로 소환했다. '국적 있는 교육'을 통해 개인 정체성을 과도한 국가주의 의식으로 채워 넣어 국가목표에 이바지 하는 집단화된 개인을 만들고자 했다. 유신시기 교육 기획자들이 정신적 식민주의에 고착된 때문인지[110], 국민총화라는 이데올로기가 필요해서인지, 아니면 그 둘 모두 때문인지 국적 있는 교육을 이념으로 채택했다.

그렇지만 꼭 일제 식민주의에 고착된 인물이 아니라도 하버드대학에서 유학을 한 유형진 교수처럼 가치교육의 철학을 중시한 인물들[111]도 민족과 국가의 가치를 부각시키며 정권

---

[109] 일본 문부성 지음, 형진의·임경화 옮김, 「국체의 본의」를 읽다, 어문학사, 2017 ; 이경숙, 제국주의 일본의 총력전 교육이론과 비판, 정신문화연구 35(3), 2012, 243–268쪽.

[110] 1938년 황국신민교육의 3대 강령(국체명징, 내선일체, 인고단련)이 제시되고, 당면과제로는 충량한 신민의 연성, 단결교육의 작흥, 단련교육의 진작, 체련교육의 철저, 과학교육의 진흥 등이 제시되었다(김정인, 보통교육 : 식민 권력의 국민 혹은 신민 '만들기', 한림대학교 일본학연구소 제3회 전문가초청간담회, 2011, 7–8쪽). 이는 1973년 이래 교육시책 혹은 장학방침과 거의 유사하다. 1973년 교육시책은 1. 국적 있는 교육 2. 유신교육체제확립 3. 새마을교육의 심화 4. 장기적 체육진흥 5. 과학기술교육의 진흥이었다.

[111] 이봉규, 박정희 정권기 역사교육학계의 민족주체성 인식과 국사교육 강화, 역사문제연구 37, 2017, 13–53쪽.

의 국적 있는 교육론을 적극 편들었다. 근대의 국가주의는 세계적으로 힘을 받고 있었고, 특히 개발도상국에서 국가의 가치는 더욱 중시되었다.

1973년 이후 유신체제에서 '국적 있는 교육'은 10월 유신이 지향하는 바임을 박정희 대통령과 문교부에서는 여러 차례 강조하였다.[112] 10월 유신을 국가위기 상황에 대응한 필연적 선택이었다고 강변하는 정권 입장에서는 교육도 국가위기에 적합한 방식으로 체제 전환해야 했다. 그 전환은 10월 유신이 실체적 위기라기보다 대통령이 선언한 위기였던 만큼, 교육에서도 정신적 위기를 통제하는 것이었다. 자유, 권리, 민주주의 같은 인류보편적 주장은 정신적 위기를 초래할 수 있으므로 국가의 현실에 맞게 '능률적이고 효율적으로' 총화단결 하여 행동하도록 국민을 교육하는 것이 유신체제의 교육목적이라고 선언했다.

이 같은 국민정신교육의 지표는 1968년 말 일찍이 국민교육헌장으로 공포한 바 있다. 국민교육헌장 초안 작성에 주도적 역할을 한 유형진 교수[113]가 「유신교육의 이념」에서도 밝혔듯이[114] 국민교육헌장 이념의 철저한 생활화가 곧 유신과업

---

[112] 박정희, 전국민의 과학화를 위한 전국 교육자대회 치사, 1973.3.23.

[113] 당시 유형진은 이인기와 함께 국민교육헌장 종합검토자였다. : 문교부, 국민교육헌장(가칭), 1968.8.2 국무회의 보고안건 729호의 별첨

[114] 유형진, 유신교육의 이념, 강원교육 96호(특집 유신과업 수행을 위한 학교 교육), 1973.6, 16~17쪽.

이며, 유신과업을 위해서는 '국적 있는 교육'을 해야 했다.

뚜렷한 국가관이 서 있고 올바른 민족사관을 확립하여 우리의 사명과 임무가 무엇인가를 인식하는 국민을 만들고 생산과 직결, 국력배양에 기여하며 국가가 필요로 하는 사람을 배출하는 것이 '국적 있는 교육'이며 '국적 있는 유신교육'이 정신개혁의 기본이 된다.(박정희 대통령, 연두순시에서, 1973.1.31)

우리교육의 목적은 먼저 올바른 민족사관과 우리의 민족사적 전통성을 확고히 정립, 체득하고 그 위에 투철한 국가관과 자주성을 확립하는 것이다. 이것이 바로 국적 있는 교육의 기본이며 10월 유신이 지향 하는 바 이념의 기조다.(박정희 대통령, 전국교육자대회에서, 1973.3.23)

국적 있는 교육은 반공주의, 민족주의, 개발주의, 국가주의를 포괄하는 개념이었다. 주장하는 이들에 따라서 유형진 교수처럼 반공교육과 새마을운동까지 전부 포괄하는 넓은 의미로 국적 있는 교육이라는 개념을 사용하기도 하고, 문교부처럼 반공교육과 새마을운동을 별개로 구분하고 국가를 위한 실용적 교육이라는 의미에서 개념을 사용하기도 했다.[115] 개

---

[115] 유형진은 국적 있는 교육을 실현시키는 방법으로는 "첫째, 민족적 사명의식에 투철한 애국인의 육성, 둘째, 민족의 문화유산으로 국민정신을 진작하는 교육, 셋째로, 우리의 처

념을 선언적 차원에서 사용하였지 정밀하게 사용하지 않은 탓이기도 하지만, 강조점이 차이에 불과할 뿐 그 내용은 동일했다. 당시 국적이란 게 민족국가이면서 분단국가이고, 동시에 개발을 지향해야 할 국가로서 정체성을 의미했다.

국적 있는 교육을 위해서 구체적으로는 사회, 국사, 국민윤리 과목을 강조했다.[116] 대학에서는 국민윤리를 가르칠 수 있는 국민윤리교육과를 신설하고, 한국사를 교양 필수과목으로 결정하였다. 대학에서도 국적 있는 교육은 중요한 교육목표였다. "국적 있는 교육을 개발하여 학문을 연찬하고 인격을 수양하는 수련장으로서 국가발전에 공헌하는 지도적 인재를 양성하는 것"[117]이 대학의 사명이었다.

국적 있는 교육이 강조될수록 대학은 국가주의 틀 안으로 끌려 들어갔다. 1977년 대통령의 연두기자 회견에서도 국적 있는 교육이라면 당연히 교육을 국가의 정책에 일치시켜야 한다고 역설했다. 해방 후 미국식 교육의 유입으로 교육계가 "타고난 저마다의 소질"에 주목했다면, 국민교육헌장은 "타고

지를 타개할 수 있는 새마을 교육의 실천, 넷째로 범국민적 과학화운동을 뒷받침하는 교육"이라고 명시하였다(유형진(1973), 24쪽). 유형진이 거론한 이 4가지에 '기초체력의 신장'(또는 '체련교육)을 더하여 1973년 유신과업수행을 위한 장학방침으로 확정했다(매일경제 1972.12.28 「국적있는 교육」 강화). 유형진처럼 국적 있는 교육을 실천하기 위한 항목으로서 새마을운동을 두기도 하지만, 1973년 문교정책에서는 "국적 있는 교육"을 새마을운동이나 반공안보정신, 과학화운동과 별개 항목으로 적시하였다.

[116] 민관식, 한국교육의 개혁과 진로, 광명출판사, 1975, 13쪽.
[117] 경향신문 1976.10.15 최총리 치사.

난 저마다의 소질"을 개발하여 "민족중흥의 역사적 사명"으로 귀결시켜야 마땅하다고 명시했다. 대학 내에서 자유롭고 다양한 학문이란 비효율적 행위이거나 국가의 현실에 기반하지 못한 추상적이고 서구추종적인 행위로 격하될 수밖에 없었다. 인문학은 낭비의 전형으로 인식되었다. 당장 정권이 추진하는 정책에 협력하지 않는다면 과학기술이라도 비난을 면치 못했다. 과학기술도 응용과학 위주로 발전할 수밖에 없었다.

당연히 대학의 교수는 근대화 작업에 협력하는 "생산적" 교수가 애국적인 교수이자 학자였다. 많은 대학의 지식인들이 기꺼이 유신체제에 협력함으로써 일신의 안일을 구하였으며, 그 길이 곧 애국하는 길이라고 위안했다. 그런 교수들은 내심으로 어떤 개인적 욕망과 이득을 추구했든 "국가를 위해서", "근대화를 위해서"라는 명분을 내걸고 살았다.[118] 국적 있는 교육은 국적을 내세워 국민 모두의 가슴에 생산적 국민 혹은 쓸모없는 비국민의 명패를 부착하도록 이끌었다.

체제 1 : 개혁과 이공계중심 확대

쿠데타 직후 몰아쳤던 대학정비 사업은 대부분 실패로 돌

---

[118] 강준만, 한국현대사산책 1970년대편 2, 인물과 사상사, 2009, 33쪽.

이 갔다. 국립대학을 팔아치울 구상을 할 만큼 고등교육은 정권 입장에서 중요한 문제가 아니었다. 고등교육의 문제라면 사사건건 정부와 대립하는 대학 안의 세력이 문제였다. 한일회담 반대, 부정선거 규탄, 삼선개헌 반대로 정권의 발목을 잡는 대학생들, 그리고 '근대화'가 비단 산업화만이 아니라 사회민주화까지 포괄해야 한다고 주장하는 지식인들이 골칫거리였을 뿐이었다. 이들 교수와 학생들은 무시로 캠퍼스 담장 밖으로 자유와 민주주의를 발신했다. 대학생들과 교수들에게는 징계로, 대학들에는 휴업이나 휴교령으로 정권의 의지를 관철시키는 게 고등교육행정의 거의 전부였다.

당시 개발도상국들에게 대학은 경제개발의 견인차였다. '조국근대화'는 곧 기술인력을 양성하는 '대학의 근대화'와 맥을 같이 했다.[119] 1967년 공업 중심의 제2차 경제개발계획과 1972년 중화학공업 중심의 제3차 경제개발계획을 추진하면서 새로운 전문기술인력이 절대적으로 필요했다.[120] 산업을 위한 이공계 인력과 수출을 위한 상공계열·외국어계열의 인력도 키워야 했다.

1970년대는 한국전쟁 이후 폭발적으로 증가한 베이비 붐 세대가 대학이나 사회로 진출하는 시점이었다. '학사등록제'와 '대학정원령'을 통해 대학정원 관리에 머무르던 육십 년대

---

[119] 김정인, 1960년대 근대화 정책과 대학, 한국근현대사연구 63, 2012, 243–274쪽.
[120] 윤정일 외, 「고등교육의 기회확대 및 질 관리」, 한국교육개발원, 1979.12.

의 고등교육정책에서 획기적인 전환이 절실한 시기였다. 그래서 육십 년대 후반부터 고등교육 변화에 대한 장기계획의 필요성을 인식했고 변화를 위한 준비에 착수했다. 1968년 초부터 청와대 직속 교육심의회 설치 논의가 계속 이어져 1969년 2월 마침내 국무총리를 위원장으로 문교부 장관과 과학기술처 장관, 대학총장들 등 40여명이 참가하는 장기종합교육계획심의회를 발족하였다. 심의회는 2년간 활동하면서 산업화에 발맞춰 최초로 '15년(1972-1986) 장기종합교육계획'을 발표하였다.[121] 서울대 역시 1968년에 서울대종합화 10개년계획을 수립해 서울대 종합화 사업에 박차를 가했다.

그리고 1968년 11월에 「대학입학예비고사령」을 공포해 고등교육에 대한 국가개입을 시작했다. 예비고사실시는 교육내용에 대한 국가통제이자 또 입학정원을 지키지 않는 대학들을 통제하는 수단이기도 했다. 무엇보다 예비고사는 대학의 질을 명분으로 대학을 통제하는 좋은 방법이었다.[122]

뿐만 아니라 사상 최초로 1969년 초 18일간에 걸친 사립대학 「국회문교행정특별감사」를 실시해 사립대학의 재정규모와 비리 실태를 파악하고 공개했다. 비록 한양대, 경희대, 중앙대, 건국대 4개 대학 감사에 그쳤지만, 사립대학 특별감사의 위력은 사립대

---

121 경향신문 1968.1.18 교육, 문화부로 분리 연구 ; 경향신문 1968.2.15 교육심의위원 인선 ; 경향신문 1969.1.27 교육심의위원 43명 위촉 ; 경향신문 1969.2.14 장기종합교육계획 심의위 오늘 발족 ; 경향신문 1970.4.8 종합교육 15년의 청사진 ; 김종철 외, 앞의 책, 2-3쪽
122 동아일보 1968.10.17 대학에 겨눠진 교육혁명 ; 이경숙, 시험국민의 탄생, 푸른역사, 2017.

학이 고등교육개혁 대열에 동참하도록 만들기에 충분했다.[123]

<표 8> 교육정책심의회 고등교육분과위원회 위원명단

이름	소속	73-74	74-5	75-76	76-77	이름	소속	73-74	74-75	75-76	76-77
권이혁	서울대 의대학장			O	O	유인종	고려대 교수			O	O
권중휘	전 서울대 총장	위원장	O	O	O	윤태림	연세대 교육대학원장	O	O		
김기동	동국대 교수		O			이규호	연세대 교수			O	O
김동철	이화여대 교수			O	O	이민재	서울대 교수		O		
김란수	연세대 교수				O	이성희	전북대 교수	O			
김승한	중앙일보 논설위원	O	O	O	O	이수종	고려대 교수		O		
김영근	서울대 약대교수		O			이숙종	국회문공위원				O
김영래	충남대 교무처장		O			이승윤	서강대 교수			O	
김영정	이화여대 교수		O			이원설	경희대 교수		O	O	O
김용규	경북대 교무처장			O	O	이재성	서울공대 학장				O
김재술	전북대 교무처장		O			이정식	동국대 교수			O	
김종철	서울대 교수			O	O	이창갑	충남대 교수	O			
김진선	충남대 교무처장			O	O	이한빈	숭전대 총장			O	
김치선	서울대 법대 교수		O			이항녕	홍익대 총장	O	위원장	위원장	위원장
김행술	전북대 교무처장			O		이해영	서울대 교수			O	

---

[123] 문교행정실태파악을 위한 특별국정감사특별위원회 회의록 제67회 1-14차 ; 경향신문 1969.1.17 사립대 특별감사 ; 동아일보 1969.1.21 77개 사학재단 기본재산 총 712억 원 ; 동아일보 1969.2.6 18일간의 족적결산, 사학특감.

이름	소속	O	O	O	O	이름	소속	O	O	O	O
노정현	연세대 교무처장	O			O	이현재	서울상대 교수		O		
박달조	한국과학 원장	O	O			이홍구	서울대 교수			O	
박종성	단국대 교수		O			이흥렬	숙명여대 음대학장	O	O		
박천경	서울공대 교수				O	이희채	부산대 교수			O	
박태흔	부산대 교무처장				O	임철순	중앙대 총장	O	O	O	
서명원	서울대 부총장		O			전택보	YMCA 총무	O	O		
성좌경	인하대 총장			O		정동준	명지대 교무처장	O	O		
성좌현	전남대 교수		O			정영복	동아일보 논설위원	O	O	O	
신도환	국회문공 위원				O	조순	서울대 상대교수		O		
신상순	전남대 교수		O			조순탁	서강대 교수		O		
신태식	계명대 학장	O	O	O		차인석	한양대 교수			O	
심종섭	서울대 농대학장			O		최석채	조선일보 주관 문화방송 회장	O	O		
여석기	고려대 교수			O		최정훈	연세대 교무처장		O	O	
오병헌	성균관대 교수	O	O	O	O	표현구	서울대 농대학장		O		
오한진	한국외대 교수			O	O	힌민운	고대 교무처장	O	O	O	
오항기	전남대 교무처장			O	O	한상준	한국과학 기술연구 소장	O	O	O	O
우인근	서울대 약대학장			O	O	허종현	부산대 교무처장	O	O		
유근석	한양대 교수		O			계		19명	35명	35명	23명

참조 : 「실험대학운영5개년종합평가보고서」, 85-86쪽

대학입학예비고사의 도입과 사립대학 특별감사 이후, 칠십 년대에는 대학의 자율과 특성화를 내세우며 고등교육개혁을 본격적으로 추진하였다. 1971년 8월에는 국무총리 직속으로 대학제도개혁위원회를 설치해 청와대에서 직접 대학개혁을 관리하였다.[124] 그 다음 달인 9월에는 주로 대학총장들과 교무처장, 교수, 그리고 언론인으로 구성된 교육정책심의회 고등교육 분과위원회를 구성해 고등교육개혁을 주관하도록 했다.

고등교육 분과위원회에서는 72년을 '고등교육개혁을 위한 연구와 준비의 해'로, 73년은 개혁실천의 해, 74년은 개혁 프로그램 확대의 해로 설정하였다.[125] 계획대로 72년에는 지역세미나와 국제세미나를 열고, 72년에 1기 실험대학을 선정하여 73년부터 시행하였다. 73년 하반기부터 특성화대학도 확정발표하고 74년에는 실험대학과 특성화대학을 확대 실시하였다. 이 정책들은 유신이 끝날 때까지 지속됐다.

먼저 고등교육개혁을 위한 연구와 준비 차원에서 지역 세미나와 국제세미나를 개최하였다.[126] 72년 초 전국 11개 시도를 돌며 진행한 지역 세미나에는 참가자가 총 700여 명에 달했다.[127] 지역 세미나를 마친 72년 6월 27일에 「대학교육개혁

---

124 동아일보 1971.8.28 총리직속 대학제도개혁위 설차; 경향신문 1971.8.28 김총리 지시 대학제도개혁위 구성

125 주삼환, 앞의 책, 12쪽.

126 문교부교육정책심의회 고등교육분과위원회, 실험대학운영 5개년종합평가보고서, 1978, 14쪽.

의 기본방안」을 확정발표 하였다.[128] 개혁의 기본 방향은 국가와 지역사회 발전에 기여할 수 있는 고등교육의 이념과 기능 확립이었고, 추진 방식은 실험대학 실시와 지역대학 특성화였다. 72년 10월 유신 발표 열흘 전 즈음에는 문교부와 연세대가 공동주최한 국제 심포지엄을 열었고, 이 심포지엄에 10개국의 대학 총장과 학자들, 국내 교육관계자들 총 1,200여 명이 참가했다.[129]

이 같은 정책에 발맞추어 고려대, 경북대, 부산대, 서울대, 이화여대 등 여러 대학들도 1960년대 말부터 1970년대 초반에 대학마다 개혁안이니 10년 장기종합발전계획이니 하는 계획안을 쏟아냈다.[130] 대학들의 개혁안은 문교부의 정책안과 별반 다르지 않았다.

대학 개혁의 이념이 "국적 있는 교육"이었다면, 대학제도 개혁의 전체적인 방향은 경제개발계획에 적합하도록 대학을 재편하는 것이었다. 농업사회에서 산업사회로 전환하기 위해,

---

[127] 문교공보위원회 회의록에는 지역별 세미나가 1971.1.11~4.28일이라고 명기돼 있고, 민관식의 책과 「실험대학운영 5개년종합평가보고서」에는 1971년 12월부터 1972년 4월까지로 기록돼 있다. 문교공보위원회 회의록은 1972년을 1971년으로 오기한 것으로 보인다. 그리고 당시 언론은 세미나 기간이 1972년 1월부터 4월까지로 적고 있지만, 문교부 장관이었던 민관식과 개혁추진 기구였던 고등교육분과위원회는 1971년 12월부터 1972년 4월까지로 기록하고 있다. 실무추진일과 세미나 개시일의 차이인 듯하다.

[128] 경향신문 1972.6.28 대학개혁의 첫 걸음.

[129] 문교부교육정책심의회 고등교육분과위원회, 앞의 보고서 15~16쪽

[130] 제82회 제1차 문교공보위원회 회의록 ; 민관식, 한국교육의 개혁과 진로, 1975, 108~111쪽 ; 문교부교육정책심의회 고등교육분과위원회, 앞의 보고서 14~16쪽 ; 주삼환, 앞의 책 12쪽.

그리고 정권 초기의 노동집약적 산업 위주에서 중화학공업 위주의 경제개발로 전환하기 위해 대학들은 경제개발정책에 부응하는 인력양성소로서 역할을 부여받아 급격히 이공계 중심의 체제로 바뀌기 시작했다. 캠퍼스에도 이공계 계열 신축 건물들이 하루가 무섭게 들어섰다. 가령 경북대에서는 1970년대에 거의 매년 4-5층짜리 이공계 건물이 한 동씩 준공되거나 착공되었다.

대학개혁의 첫 걸음은 무엇보다 대학인원을 늘이는 것이었다. 당연히 대학정원 억제 정책을 비판하는 목소리들이 먼저 터져 나왔다. 그 첫 번째 논리는 변화하는 사회수요에 따라 대학증원이 반드시 필요하며, 대학의 인원을 줄인다고 대학의 질이 높아지지 않는다는 주장이었다.[131]

또 다른 논리는 한국사회의 "사상 유례 없는 대학팽창"이 실제와 다르다는 지적이었다. 국제적으로 비교해 보면, 오히려 다른 국가들에 비해 대학생 수가 부족하다는 주장이 설득력을 얻어 갔다. 인구 천 명당 대학생이 일본은 18명, 대만이 14명, 필리핀이 17명인데 한국은 6.2명에 불과했다.[132] 민관식 문교부 장관도 고등교육인구 성장률(대만 53배, 북한 55배, 한국 30배 증가)과 고등교육인구를 국제비교하면서, 한국이

---

131 장기종합교육심의회의안, 「고등교육에 관한 장기종합계획(안)」, 『우리나라의 고등교육개혁안』, 입법참조자료 제178호, 국회도서관 입법조사국, 1973, 161쪽.
132 유인종, 대학교육개혁의 필요성과 기본 방향, 문교월보 48, 1973.11, 89쪽.

다른 나라보다 고등교육 진학률이 낮다는 입장을 명확히 밝혔다.[133]

뿐만 아니라, 남북만 견주어 봐도 남한의 대학생 수가 적다는 비판까지 나왔다. 1970년 현재 남한의 총인구가 북한보다 두 배 정도 많은데, 대학생 수는 북한이 20만 명, 남한은 13만으로 북한보다 고등교육인구가 적다는 지적이었다.[134] 해방 이후 지식인들 상당수가 북한을 선택했고, 국대안 투쟁에서 드러난 이념갈등의 상처가 가시지 않은 남한에서 북한보다 지식인 양성이 낙후하다는 평은 상당히 자극적인 설정이었다. 뿐만 아니라 사립대학들도 정원확충을 지속적으로 주장하고 있었다.

조국근대화를 위해 "고급인력수요"에 부응해야 한다는 정부의 수요 논리,[135] 사립대학들의 이권 논리, 그리고 무엇보다 국민들의 높은 교육열이 결합되어 대학정원 확충의 논리는 충분히 공고했다. 해방 직후 워낙 고등교육기관이 적었기 때문에 50년대에 대학이 폭발적으로 증가한 것처럼 보이지만, 실제로 대학과 대학생 수의 급격한 증가는 1970년대 후반에 더욱 폭발적으로 늘어났다. 당시 연평균 증가

---

133 민관식, 한국교육의 개혁과 진로, 광명출판사, 1975, 107쪽.

134 국회도서관 입법조사국, 「대학입학제도의 개선방안」, 『우리나라의 고등교육개혁안』, 입법참조자료 제178호, 1973, 201쪽 ; 민관식, 한국교육의 개혁과 진로, 광명출판사, 1975, 107쪽.

135 유기춘, 대학이념과 대학행정 : 대학의 변천과정과 대학전개의 문제점, 세대 13(통권 141호), 세대사, 1975.4, 139-146쪽.

율은 대학졸업정원제를 실시한 1981년부터 1984년 증가율
과 맞먹을 정도였다.

<표 9> 고등교육기관 학생의 연평균 증가율(1945-1989)

연도	45-60	62-72	73-80	81-84	85-89
고등교육기관 학생의 연평균 증가율	18.6	4.4	13.7	14.4	2.9

출처 : 김영화, 187쪽

<그림 3> 경북대학교 입학정원과 졸업인원

특히 유신 말기 입학정원 증가는 눈에 띄었다. 중등학교 졸
업자가 늘면서 대학진학희망자도 늘어, 1970년에 대학진학희
망자가 약 12만여 명이었으나 1980년에는 50만여 명으로 불
었다.[136] 진학희망자에 비해 대학정원은 막혀 있었다. 칠십

년대 중반부터 재수생이 누적되기 시작해 칠십 년대 후반에는 사회적 이슈가 되기에 이르렀다. 그래서 1978년 박정희 대통령은 재수생 문제를 해결할 특단의 조치를 지시했고, 문교부에서는 1978년 10월 입학정원을 급격히 늘였다. 1979학년도에 대학진학률을 18%에서 22%로 늘이고, 1980년대에는 진학희망자 누구나 대학에 진학할 수 있는 대학졸업정원제 실시도 곧 가능해질 것이라고 문교부는 전망했다.[137] 대학졸업정원제가 전두환 정권 때 갑자기 등장한 게 아니라, 칠십 년대 후반부터 문교부 장기교육계획안으로 교육자들 사이에서는 회자되고 있었던 안이었다.[138]

대학교육을 보편화 한다는 입장은 확고했다. 정원 확충 방향도 명확했다. "조국근대화에 기여하는" "생산력 있는 지식인"을 양성할 수 있는 체제로 대학정원을 늘인다는 분명한 원칙이 있었다. 먼저 1978년 교육법을 개정해 실업고등전문학교와 초급대학, 간호학교를 모두 전문대학으로 개편하여 전문기술자를 양성하는 일괄적 체제를 갖추고, 전문대학을 통한 전문가 양성을 중시했다. 1973년부터 1980년까지 전문대학 학생이 4만 8천여 명에서 16만 5천여 명으로 늘어(증가율 19.3%) 같은 시기 전체 대학생의 증가율(13.7%)보다 훨씬 높았다.[139]

---

136 동아일보 1980.8.5(기획 연재) 교육혁신 무엇이 어떻게 달라지나(3) 대학교육.
137 경향신문 1978.10.7 문교부, 대학진학률 22%로 대폭 증원.
138 동아일보 1978.11.23 대학 3학기·졸업정원제로.
139 김영화, 앞의 책, 187쪽.

그리고 중화학공업 인력을 양성하는 이공계 학생 증원과 수출을 위한 경상계열 학생 증원을 우선적으로 승인했다. 1973년 초 박정희 대통령은 신년기자회견에서 중화학공업육성정책을 선언하고, '전 국민의 과학화 운동'도 제창하였다. 1960년대 후반부터 시작된 이공계 확대 정책에 따라 이공계 학과가 신설되거나 정원이 늘어났고, 실험실이 갖춰지기 시작했다.

서울대에서는 1964년부터 시작된 공과대학 확충 3개년계획과 1969년에 정부가 이공계 확대를 위해 들여온 교육차관으로 공대건물을 신축하고 실험실을 정비하였다. 한양공대와 인하공대도 정부의 지원 아래 급속히 성장했고, 대일청구권자금을 각각 17만 달러와 20만 달러를 배정받았던 연세대와 고려대도 이공계에 대부분 투자하면서 이공계가 급속히 성장했다.[140] 중등학교에서는 과학 및 공업 교육을 할 수 있는 교사 인력이 다급하게 필요해서 공업교육과가 급히 신설되고, 충남대 공업교육과가 특성화학과로 선정되었다.

또 하나의 원칙은 수도권 인구 억제와 지역균형발전을 위해 수도권 대학은 확충을 억제하고 지역대학을 늘인다는 방침이었다. 이는 지역대학을 특성화한다는 고등교육개혁 추진과도 맞물려 있었다. 수도권에 집중되어 있는 고등교육기관을

---

[140] 김정인(2018), 앞의 책, 190~192쪽.

지역에 분산함으로써 인구집중을 막고, 지역 발전의 토대를 마련한다는 구상이었다. 서울 소재 대학은 공학계열·경상계열·외국어계열을 가르치는 야간대학 학생 수를 실용적 차원에서 늘여주고, 종합대학 학생 수 증원은 억제하였다. 그리고 대학의 지역분교 설립을 적극 승인하고 학생정원을 늘여주었다.

<표 10> 연평균 대학생 증가율(1973-1980년)

연평균 학 생 증가율	전체	공학	이학	사회	어문학	인문	의학	사범	기타
	12.4	14.4	11.4	12.9	14.9	7.7	5.6	9.9	12.0

출처 : 김영화, 196쪽

<표 11> 전공계열별 대학생 구성비의 변화(단위 %)

연도	총계	인문사회계	자연계	사범계	예체능계	기타
1965	105,643(100)	45.6	44.0	4.5	6.2	-
1970	146,414(100)	39.2	45.6	9.5	5.7	-
1975	208,986(100)	27.8	43.7	14.9	6.0	7.6
1980	403,989(100)	32.1	53.2	13.2	5.4	2.5
1985	931,884(100)	43.7	46.1	10.2	5.7	0.1

참조 : 문교부, 문교통계연보, 한국교육개발원, 한국의 교육지표, 1989, 34쪽
재인용 : 김형관 외, 한국 대학교육의 변천에 관한 연구, 고등교육연구 3(1), 1991, 239-266쪽

그리고 고도의 기술인력을 양성하기 위해서는 대학원 내실화 방안도 추진했다. 대학원의 질적 향상을 위한 대표적인 개선 방안이 박사학위 수여제도 변경이었다. 기존보다 더 엄격한 절차를 거쳐 박사학위를 수여하도록 바꾸었다. 가령 대학

원 박사과정을 반드시 이수해야 하고, 논문제출 전에 2종의 외국어시험과 예비시험에 합격하도록 징했다. 이른바 "신제박사" 양성의 시작이었다. 기존의 "구제박사"보다 엄격한 교육과정을 거침으로써 고등교육의 질을 향상시키고, 박사학위 수여를 문교부장관 승인제에서 사후보고제로 바꿔 대학의 자율성을 높인다는 명분도 갖고 있었다. 신제박사는 73년부터 시행하되, 75년 2월까지는 과도기적으로 구제박사도 인정했다.[141] 학위과정을 엄격히 규정하여 교육의 질을 높이고자 하였고, 이는 그 후로도 국내에서 박사학위를 받는 필수적인 과정으로 자리 잡게 되었다. 그러나 신제박사 규정에도 불구하고 교수들끼리 서로 다른 대학 대학원에 이름을 걸어놓고 학위를 남발하는 사태까지 막을 수는 없었다.

산업화를 위해 당시 새로운 전문기술인력양성이 필요했다. 하지만 대학을 국가산업정책의 도구로만 보는 협소한 관점에는 문제가 많았다. 인문사회학은 국가의 이데올로기를 제공하는 "생산적" 학문이 되든가 그렇지 않으면 "비생산적" 학문으로 취급당했다. 이공계열도 국가의 부강과 발전 이미지와 연계된 과학기술에만 국한하여 지원함으로써 기초과학분야의 토대를 닦는 일과는 멀어졌다.[142] 게다가 정권에 비판적 입장

---

141 문교부소관 현황 보고, 국회회의록 8대 82회 1차 문교공보위원회 회의록 제호, 1972.7.26.
142 김근배, 박정희 정부 시기 과학기술을 어떻게 볼 것인가? – 과학대통령 담론을 넘어서, 역사비평 118, 역사비평사, 2017. 봄, 142–168쪽.

이라도 취하는 대학인이 있으면 그런 학과는 폐과해도 된다
는 발언까지도 공공연히 거론되었다. 자유가 없는 대학 안에
서 어떤 대학인도 자유로운 연구를 할 수 없었다.

체제 2 : "실험대학"과 대학특성화

대학개혁을 적극 추진한 민관식 문교부 장관은 1961년 대
학정비 실패의 원인이 대학의 자율성을 인정하지 않았기 때
문이라고 진단했다.[143] 이 진단에 기반 해 민 장관은 대학을
자율적으로 육성을 하겠다는 의지를 갖고 있었다.[144] 대학의
자유 또는 자율은 논쟁적인 개념이다. 정치권으로부터 자유,
학사운영의 자유, 학문의 자유라는 의미에서 대학의 자유를
주장할 수도 있지만, 무책임한 사익추구를 위해 대학의 자유
를 주장할 수도 있다. 그래서 공익을 관철시켜야 하는 국가와
자유를 주장하는 대학 사이에는 항상 긴장과 갈등이 있다.

민관식 장관만이 아니라 문교부 장관들은 대학의 자율 허
용을 자주 공언했다. 그러나 항상 자율의 인정은 수사적 차원
에 그치고 대학의 무책임을 탓했다. 민관식 장관도 마찬가지
로 대학이 마땅히 자율성을 발휘해야 하지만, 지금껏 대학들
의 부실과 부정부패 때문에 국가가 개입할 수밖에 없었다며

---

143 민관식 문교부장관, 개회사, 「대학교육 개혁을 위한 지역 세미나」, 문교부, 1974.5, 3-9쪽.
144 민관식 문교부장관, 개회사, 앞의 자료, 7쪽.

대학에 반성과 책임을 촉구했다. 이 때문에 장관은 1970년대를 '대학의 자율적 육성과 통제의 시기'라고 일컫고 있다.

대학의 자율성을 공언한 장관답게 실제로 개혁조치를 대학에 일률적으로 적용하지 않았다. 개혁의 방향과 방법을 논의할 때 대학총장들과 교무처장들, 일부 교수들을 포함시켰고, 개혁안이 확정된 다음에는 각 대학이 개혁안에 동의하면 과제 신청하고 문교부가 선정 지원하는 방식을 취했다. 개혁과제에 지원해 선정된 학교들에 교수충원과 재정지원의 혜택을 주는 '자율적' 경쟁방식을 도입한 것이었다. 또한 개혁안을 몇 년간에 걸쳐 점진적으로 시행하도록 했다. 이전의 획일적인 정책 밀어붙이기에 비해 확실히 '자율'을 중시하는 문교부의 입장이 담겨 있었다. 그렇게 선정된 실험적인 대학이라는 의미에서 "실험대학"이라고 문교부에서 이름 붙였다. 1973년 유신시대 대학의 시작은 실험대학과 함께 했다.

실시 첫 해에는 14개 대학의 신청을 받아 10개 대학을 실험대학으로 선정했다. 초기에 실험대학이 온전히 강압적이지 않았다는 징후는 국립대학들이 실험대학 신청을 하지 않았다는 점에서도 확인할 수 있다. 첫 해에는 전남대만 신청했고,[145] 1년이 지난 후에 경북대, 서울대, 충남대가 가세했다.[146] 그리고 실험대학으로 선정되면 반드시 실시해야 할 의

---

[145] 경향신문 1972.10.20 대학개혁 실험교 선정
[146] 동아일보 1973.11.21 올해부터 실시된 「실험대학」 내년 6개대 추가, 확대.

무조항도 있었지만 대학별로 선택할 수 있는 선택조항도 남겨두었다.[147]

하지만 초기의 자율적인 참여는 점차 강제적인 동참으로 변했다. 1973년 10개 대학으로 시작한 실험대학은 1978년에는 32개 대학[148], 1979년에는 동국대학교를 제외하고 39개 종합대학교 전부가 실험대학에 참가했다. 1978년에 문교부는 전국 대학총·학장 회의를 통해 1982년까지 모든 대학들을 실험대학으로 만들겠다고 밝힌 바 있고, 그 구상처럼 1980년까지 실험대학 모집은 계속되고 확장되었다. 그리고 유신정권이 종말을 맞은 뒤, 1981년에 마침내 89개 모든 대학들이 실험대학이 되었다.[149]

실험대학에서 실시한 정책들은 이수학점의 조정(160학점에서 140학점으로 축소), 입학생의 학과별 선발 대신 계열별 선발, 부전공제와 복수전공제 실시, 능력별 졸업제, 계절학기 운영, 교

---

[147] 「실험대학운영 5개년 종합평가보고서」에 따르면 1978년 현재 적용중인 개혁내용은 다음과 같다. : 졸업학점축소(160-140학점으로 조정/의학계, 수의계, 약학계 제외) 조정, 부전공제 실시, 계열별 학생모집(실험대학 전체), 학점초과 및 제한취득(14개 대학), 특별시험을 통한 학점취득(11개 대학), 복수전공제 실시(13개 대학), 계절학기 운영(7개 대학) *교육방법 개선 : 교수요목 작성 배부(전체), 과제도서실 설치운영, 학생중심 도서구입, 교재개발, 시청각기재 활용, 어학실험실 강화, 강의실 변형, 도서관 증축, 실험실습 기구 구입 및 시설 확대, 조교 확보, 연강제도 폐지 *계열별 모집 −전대학 실시 18개 대학, 부분 실시 11개 대학

[148] 1978년에 4년제 대학 중 약 44% 대학(73개 대학 중 32개), 4년제 대학 재학생 중 76.5%의 학생(220,014명 중 168,201명)이 실험대학 재학생이었다.

[149] 동아일보 1981.2.10 문교부 46개대에 2개 반 대학교육개혁사업 종합평가 ; 문교부교육정책심의회 고등교육분과위원회, 앞의 보고서 ; 국무총리실 기획조정실 평가교수단, 제4차 경제개발5개년계획평가보고서 제1편 종합부문, 1979, 270쪽.

육방법 개선(교수요목의 작성 및 배포), 교육평가방식 변경, 교양과목 및 전공과목 편성비율 조정 등이었다. 교육의 과정과 방법, 평가까지도 꼼꼼히 챙겨 개혁의 방법을 지시하고 대학들이 추진하게끔 했다. 각 대학들은 이런 정책의 실행가능여건에 따라 실험대학으로 선정되었다. 모든 실험대학은 이수학점 조정, 계열별 선발, 부전공제를 필수적으로 실시하고, 능력별 졸업제와 계절학기 등은 선별해 대학별로 시행하였다. 그러나 실험대학들은 실상 독자적으로 실험할 게 별로 없었다. 문교부가 준 실험계획표와 실험대학 평가지표 따라 그대로 실시해야 했다. 실험이라야 정부의 실험대학 정책을 실행만 하면 되는 실험이었다.

실험대학은 대학의 풍경을 바꾸어 놓았다. 우선 실험대학에 참여하는 대학이나 단대의 신입생들은 기존처럼 학과별로 입학하는 게 아니라 계열이나 학부로 입학해 1-2년간 공부했다. 신입생들은 학과를 결정하기 전까지는 각자 희망하는 학과에 진학하기 위해 학교 공부에 치중할 수밖에 없었다. 학과를 결정할 때는 선호학과에 쏠림현상이 심했다. 또 이수학점을 160학점에서 140학점으로 낮춤(의약학계열 제외)으로써 교수와 학생 모두 수업시간이 줄었다. 이수학점을 줄이는 대신 도서관과 자습실을 갖춰서 자율적인 연구와 학습을 유도하게 한다는 이유였다. 이 방안은 학교로서는 교수충원과 강의실 부담이 낮아져 좋고, 교수와 학생 입장에서는 수업부담이 줄어 반길 만 했다. 학점을 줄인다고 자율적인 연구와 학습을 이끌어내진 못했지만,[150] 여러 현실적인 이익 때문에 학점감축은 계속 유지되었다.

부전공제, 복수전공제, 능력별 졸업제 등은 대부분 학생들에게 인기가 없어서 사실상 유명무실했다. 한편 교육방법의 개선으로 강의계획서가 도입된다고 했지만, 별 실효성은 없었다. 강의일변도 수업방식과 지필시험 위주의 평가방식도 바꾼다고 발표했지만, 늘어난 학생을 감당하기도 버거운 대학 현실에서 뜬구름 같은 소리였다. 이런 와중에 국가는 정기적으로 실험대학을 평가하여 대학의 질을 직접 관리하였다.[151] 실험대학이 대학평가의 시작이었던 셈이다.

하지만 실험대학 시행 7년이나 된 1979년에도 서울대 교무처장은 실험대학이 구상단계부터 차질과 혼란을 빚었고, 교수들조차 실험대학 정책을 제대로 모른다고 자평하였다.[152] 유신정권이 끝나고 대부분 대학들은 실험대학 정책들을 포기하였고, 언론들은 "실험대학 실패"를 선언했다.[153] 실패의 가장 큰 원인은 미국식 대학운영 시스템을 모델로 한 실험대학 정책들이 현실에 맞지 않았기 때문이었다. 급증한 학생과 부족한 교수로는 자율적인 교육과 연구가 불가능했다.

---

[150] 이숭녕, 앞의 글 ; 송병순, 앞의 글.
[151] 문교부교육정책심의회 고등교육분과위원회, 앞의 보고서 ; 주삼환, 앞의 책
[152] 동아일보 1979.3.6 실험대학 성과와 문제점
[153] 동아일보 1982.10.14 실험대학 실패

게다가 1970년대와 1980년대 경제성장 가도를 달리고 있을 때 졸업생들은 군이 부전공이나 복수전공, 계절학기를 이수하지 않아도 졸업과 취업에 어려움이 없었다.[154] 기업들도 부전공이나 복수전공 이수자가 필요하지 않았다.

유신 후 실패를 선언한 실험대학의 여러 방안들은 1990년대 후반 이후 부활됐다. 그만큼 미래지향적인 교육정책이었다고 볼 수도 있지만 다른 한편 현실을 잘못 진단한 개악이었다는 증거일 수도 있다. 아니면 어떤 경우에도 조건이 완비된 후에 개혁이 실시되는 일은 없다는 점에서 비록 환경이 열악하더라도 한번 실시한 이상적인 정책이라면, 긴 안목에서 그 정책을 지속해가는 교육철학과 집행력이 집권자들에게 부족했기 때문일 수도 있다.

무엇보다 주목할 점은 대학 자율성을 내세웠던 실험대학이 결정적으로 대학을 통제하는 수단이었다는 역사적 평가를 받았다는 사실이다.[155] 대학사회 내부의 의견을 수렴하지 않고 정권이 대학의 행정책임자나 일부 교수들과 손잡고 일방적으로 추진한 정책이라는 비난을 면치 못했다. 당시 대학의 환경과 맞지 않았던 여러 "선진"적 혹은 "이상"적 방법들은 현실

---

[154] 서울대학교 60년사 편찬위원회, 서울대학교 60년사, 서울대학교, 2006, 499쪽 ; 서울대에서는 겨우 5% 미만의 학생들이 부전공을 선택했다.
[155] 부산대학교 70년사 편찬위원회, 부산대학교 70년사, 부산대학교, 2016, 163쪽 ; 김정인(2018), 앞의 책

의 대학인들을 통제하는 수단으로 전락했다. 언제나 이상 앞에 현실은 초라하고, 초라한 현실은 '하면 된다.'는 정신주의로 무장한 세력들 앞에서는 비루한 변명에 불과하기 때문이었다. 대학 자율을 강조했던 문교부 장관은 실험대학 정책이 자율적인 육성책이기를 바랬지만, 대학들에서는 통제수단이었다고 평가한 양자 간의 격차가 바로 유신시대 대학 자율의 초상화이다.

실험대학과 함께 또 다른 중요한 대학개혁은 대학특성화 조치였다. 지역별로 인구, 진학인구, 산업구조, 지리적 조건, 사회문화적 특수성, 대학의 전통과 특성 등을 고려하여 각 지역별로 농업과 산업을 특성화한다는 계획에 따라 특성화 대학정책이 구상되었다. 대학특성화를 통해 인구와 교육인구를 분산하고, 지역과 대학의 특성에 맞게 예산을 효율적으로 집행하며, 특성화를 기반으로 지역협력체제를 구축한다는 계획이었다. 문교부는 특성화정책을 실시하기 위해 특성화 단대나 학과에 예산과 교육시설, 학생 장학금을 중점 지원하며, 연구비를 우선배정하고 교수충원을 지원하고 학생정원을 늘이고, 교육내용 및 방법 쇄신을 위해 우선 지원한다는 방책을 내놓았다.

1973년 10월 10일 「지역대학 특성화 계획」을 확정했다. 인하대의 기계공학과 · 금속공학과 · 조선공학과, 충남대의 정밀기계공학과 · 섬유공학과 · 화학공학과 · 축산학과 · 농공학과,

전남대의 화학공학과·농학과·식품가공학과, 조선대 전기공학과, 부산대 기계과, 경북대 전자과, 전남대 화공과, 충남대 공업교육과 등 18개 지역대학 52개 학과를 1차 특성화학과로 선정 발표했다.[156] 대학특성화 실시 첫 해에 학생증원 혜택이 가장 큰 대학이 국립대학인 부산대와 경북대, 그리고 사립대학인 영남대였다.[157]

1977년에는 「특성화공과대학추진방안」에 따라 부산대 기계계열, 경북대 전자계열, 전남대 화공계열, 충남대 공업교육을 특성화공대로 선정하였다. 전자계열과 기계계열 특성화를 위해 청와대 경제 제2수석 비서실(중화학공업 담당)이 주무처가 되어 특성화 사업을 추진할 만큼, 대학특성화 방안은 국가차원의 역점사업이었다. 그런 만큼 전공학점과 실험실습 시간까지 대학에 지시할 정도로 정권이 강력히 개입하였다.[158]

1970년대 내내 지역대학과 국립대학의 특성화학과를 중심으로 학생을 증원하고, 서울지역 대학정원은 억제하는 전략을 계속 유지했다. 당시 중점 지원받았던 특성화 단대와 학과들

---

[156] 경향신문 1973.10.10 18대학 52과 지역특성화, 문교부 76년까지 연차적으로 추진

[157] 경향신문 1972.12.11 우선된 지역특성, 산업육성 고려된 대학입학정원 조정

[158] 특성화공대는 일부 학과를 폐지하고 통합 혹은 신설하는 등 학과를 조정하고, 졸업학점도 140학점에서 160학점으로 조정하였다. : 매일경제 1977.4.4 부산, 경북, 전남, 충남 4개 특성화대학 선정 ; 경향신문 1977.10.4 박대통령 시정연설 전문, 요지 ; 경북대학교 공과대학 편찬위원회, 경북대학교 공과대학 30년사 1970-2000, 12~18쪽.

은 현재까지도 각 대학을 대표하는 단대나 학과로 후광이 남아있다. 그리고 대학의 특성화를 지향하고 지역대학을 육성하겠다는 방침은 당시에도 유의미했고, 지금도 유의미한 정책임에 틀림없다.

<표 12> 지역별 대학입학정원

구분	1978 입학정원		1979년 입학정원		증원수	
	인원(명)	비율	인원(명)	비율	인원(명)	비율
서울	31,420	42.5	36,070(6,970)	36.6	4,650(5,000)	18.8
지방	42,430	57.5	62,560(5,850)	63.4	20,130(2,840)	81.2
계	73,850	100	98,630(12,820)	100	24,780(7,840)	100

참조 : 평가교수단, 제4차 경제개발5개년계획평가보고서, 1979, 269쪽 ;
경향신문 1978.10.7 대학정원 4만 9490명 늘려 : ( ) 안 인원수는 야간대학생 인원수

그럼에도 대학특성화 사업은 시행초기 여러 문제를 안고 있었다. 1974년 제1차 대학특성화 실시 때 전국 52개 학과를 특성화학과로 선정하고는 보조금으로 두 교수의 일 년 연봉에 시나지 않는 총 1익 5천만 원을 배정하였다. 선정된 52개 학과별로 보조금을 나누면 학과 당 고작 300만 원에 불과했다. 그 뿐 아니라 교수도 실험기자재도 부족하고 학생 장학금도 넉넉하지 못해 명색만 특성화대학이라는 비판을 받았다.[159]

---

[159] 동아일보 1973.10.13 대학의 지역특성화 문제.

1976년부터는 재정지원이 늘어 82년까지 특성화공대로 선정된 6개학과에 502억 원을 지원하고 입학정원도 많게는 천 명까지 늘였다.[160] 하지만 평가교수단의 평가처럼, 한 대학 내에 특정 학과만 비대해지고 그 학과에만 재정이 쏠리면서 대학 내부에서 교수들 사이에 갈등이 생겼다.[161] 그리고 학생 증원 수에 비해 재정투자가 미치지 못해 오히려 교육의 질을 악화시켰다는 대학의 불평도 있었다.[162]

문제점들과 비판에도 불구하고, 유신정권은 지역대학을 강화하겠다는 의지가 매우 강했다. 박정희 대통령은 자신과 연고가 확실하든가 신뢰가 강한 인물들을 지역 국립대 총장으로 임명했고, 지역순회를 할 때 한 번씩 대학을 직접 방문하고 총장들의 건의사항을 즉석에서 챙겨주어 사기를 올려 주었다. 때로는 지역대학 "우수졸업생" 초청 자리를 만들어 언론에 대대적으로 보도했다.[163] 대통령이 직접 챙겨준다는 식의 권위주의적 방식으로 지역대학의 강화 이미지를 보여주었다. 특히 유신 후기로 갈수록 대도시의 지지율이 떨어지고 농촌 지지율이 높았던 박정희 대통령으로서는 새마을운동과 함께 지역대학 강화는 국가 지도자 이미지를 제고하는 좋은 방

160 강명숙, 앞의 글, 149–150쪽 ; 국무총리실 기획조정실·평가교수단, 제4차 경제개발 5개년 계획 평가보고서 제1편 종합부문, 국무총리기획조정실, 1979.3, 298쪽.
161 국무총리실 기획조정실·평가교수단, 앞의 책, 253쪽.
162 국무총리실 기획조정실·평가교수단, 앞의 책, 289–291쪽.
163 매일경제신문 1976.2.23 박대통령, 국립대 우수졸업생 접견.

안이었다.

대통령의 이미지는 부각되었으나 새마을운동 시기에 이농현상이 심했듯이, 지역대학 강화시기에 대학인구의 서울집중화의 씨앗이 뿌려지고 있었다. 1960년대 후반부터 시작해 정권은 1970년대에 고려대, 서울대, 연세대에 각종 재정적 지원을 집중적으로 해 대학을 키웠고, 경제기반도 서울중심으로 닦아 놓았다. 수도권이 비대해진 상태에서 지속적인 지역균형발전과 지역대학육성 방안과 지원이 사라진다면 대학들도 수도권 중심으로 위계화 될 가능성이 내재해 있었다.

고등교육개혁 이후 박정희 정부는 일관되게 수도권 대학정원을 억제하고 지역대학 정원을 늘여갔다. 유신말기에 지역국립대학들은 한 해에 거의 900명 가까이 입학정원을 증원했고, 지역 사립대학들도 대부분 7, 8백 명씩 증원했다. 73학년도 입학정원을 보면 서울대가 경북대나 부산대 입학정원의 두 배 가량이었지만 79년도에는 서울대 입학정원이 두 대학들보다 100여 명이나 적었다. 대학생 증가는 대학입장에서는 등록금 수입이 늘어나는 것이지만, 입학한 학생들과 교수 입장에서는 교육환경이 더욱 열악해지는 문제였다. 지역 국립대학들의 입학생 수는 늘어도 서울대만큼 교수충원이나 재정확보가 늘어난 게 아니었다.[164]

---

[164] 서울대학교 70년사 편찬위원회, 서울대학교 70년사 부록, 서울대학교, 2016, 102쪽 재정현황 : 1971년 : 229,178원(일반회계)원, 1979년 : 6,610,250(일반회계+기성회계). : 서울

1979년에 부산대 신입생이 30% 증가하였지만 교수는 4.2%
만 증원되어 법정교원정원 826명 중 457명이 부족했다. 경북
대 교원도 서울대의 절반이 안 됐고 교원정원 886명 중 479명
이 부족했다. 79년 입학생정원이 가장 많이 증가한 영남대도
교수가 태부족이긴 마찬가지였다.[165] 이공계열 중심으로 지
역대학 정원을 확대하면서 이공계열 교수 문제는 수도권과
지역 간 편차가 더 심했다. 공과대학의 학생 대 교수비율이
전국 평균 43.6명 : 1명일 때, 수도권대학의 비율은 27.3 : 1로
지역대학의 열악함을 짐작해 볼 수 있다.[166]

화려한 수사로 새마을운동을 홍보하면서도 산업부문 투자
에 비해 농업투자가 미미했던 것처럼,[167] 지역대학 강화도 이
미지만큼 재정과 환경조성이 따르지 못했다. 교수확보와 재정
지원이 학생의 증원만큼 이뤄지지 않아서 오히려 지역대학의
부실을 부추겼다.[168] 그나마 국립대학은 사정이 나았고, 사립

대의 세입은 1971년과 1979년 사이에 약 28배가 증가했지만 지역대학에서는 이만한 재
정확대가 불가능했다.

[165] 72년에 경북대와 서울대 전임교원 수가 각각 266명과 1,028명이었고, 79년에는 407명
과 1,143명이었다. : 경대30년사 편찬위원회, 경북대학교 30년사, 경북대학교, 1977 ; 경
북대학교 40년사 편찬위원회, 경북대학교 40년사, 경북대학교, 1985 ; 서울대학교 70년
사 편찬위원회, 서울대학교 70년사 부록, 서울대학교, 2016, 108, 112쪽 전임교원 학위별
성별 인원 ; 동아일보 1979.2.28 교수부족으로 대학부실, 학생증원 못 따라 강의에 큰
지장, 지방대학은 더욱 심각.

[166] 경향신문 1979.6.8 공과대학의 교육여건

[167] 김형아, 앞의 책, 237쪽.

[168] 경향신문 1978.10.9 넓어진 대학문(1) 달라진 판도 ; 경향신문 1978.10.11 넓어진 대학문
(3) 교수·시설 부족 : 교수법정 정원 46%나 모자라 심각, 특히 지방대학의 교수부족은

대학들은 더 열악했다. 학생 등록금이 대학재정의 대부분인 사립대학들로서는 학생 증원을 마다 할 리 없었고, 일단 학생 수를 늘이면 그제야 부랴부랴 교수를 충원하고 건물을 지었지만 교육과 연구 환경은 마냥 열악했다. 지역대학들이 학생 수를 기하급수적으로 늘이는 동안, 수도권 대학들은 정원을 늘이지 못하면서 도리어 교육과 연구를 내실화할 기회를 얻었다. 육성의 역설이었다.

사립대학 중 육십 년대 말부터 눈에 띄게 성장한 특별한 대학도 있었다. 청구대학과 대구대학을 통합해 1967년 12월에 출범한 종합사립대학 영남대학교였다. 칠십 년대 지역 사립대학의 학생 수는 어디나 기하급수적으로 증가했지만 영남대는 그 중에도 특별한 대학이었다. 영남대는 설립 때부터 박정희가 대통령직에서 물러나면 총장하려고 마련한 대학이라는 소문이 자자했다. 소문의 진위여부는 확실하지 않지만, 대통령도 그 소문을 알고 있었다.[169]

영남대의 뿌리가 된 청구대와 대구대가 통합하게 된 배경에는 대학비리와 권력개입 문제가 연관돼 있었다. 청구대학은 1967년 불법공사 중이던 건물이 붕괴되면서 재정적 난관에

늘어난 입학정원에 비해 더욱 심각했다. ; 매일경제 1978.10.10 내실 기하는 후속조치 있어야.

[169] 한홍구, 한홍구의 유신과 오늘 (23) 뇌물바구니 영남대 : '교주 박정희는 1원이라도 내셨는가, 한겨레신문 2012.12.29 ; 동아일보 1971.9.6 교수처우 개선에 관심

봉착했다. 이 문제를 해결하기 위해 청구대학 이사진들은 설립자 몰래 청구대학을 박정희 대통령에게 바친다고 결정했다. 그리고 경주최씨 일가로부터 대구대학 운영권을 넘겨받았던 삼성도 마침 사카린 밀수사건으로 곤경에 처해 있었던 당시에 대구대학을 정권에 헌납하도록 강요받았다. 이후락 당시 청와대 비서실장의 진두지휘로 대구대학과 청구대학을 통합해 영남대학을 출범시켰다.

대학설립에 돈 한 푼 낸 적 없어도 영남대가 박정희를 위한 "박정희 왕립대학"이라는 소문은 근거가 없지 않았다. 우선 1967년 12월에 열린 영남대학 첫 이사회에서 박정희를 학교와 법인의 최고지도자이자 교주로 모시겠다고 만장일치로 결의를 했다.[170] 그리고 이런 결정을 한 출범 당시 이사진을 보면 박정희의 인물들로 온전히 채워져 있었다. 중앙정보부장을 지냈고 청와대 비서실장이던 이후락, 공화당 의원 이동녕, 국회의원 및 장관을 지낸 신현확, 공화당 경북지부장과 국회의장을 지낸 이효상, 박정희의 대구사범학교 동기이자 비자금 조성의 루트로 알려졌던 당시 호남정유 사장 서정귀 등이 이사였다.[171]

---

[170] 김정인(2018), 앞의 책, 189–190쪽.
[171] 매일경제 1968.9.30 대학재단 그 이면(14) 영남학원 ; 한홍구, 한홍구의 유신과 오늘 (23) 뇌물바구니 영남대 : '교주 박정희'는 1원이라도 내셨는가, 한겨레신문 2012.12.29 ; 일요시사 1151호, 박정희 장물유산 논란, 영남대 탄생의 비밀, 2012.5.30.

종합대학 인가를 받고 1968학년도 입학정원 1,275명이 확정되었을 당시부터 특혜의혹이 있었다. 1967년에 종합대학 승격신청을 한 학교가 10개 단과대학이었지만 영남대만 유일하게 승인을 받았다. 게다가 입학정원도 기존의 청구대와 대구대를 합친 숫자보다 많았다.[172] 영남대는 승승장구했다. 입학정원이 1974년에 전국 사립대학들 중 두 번째로 많았고, 1976년에 전국 사립대학 중 가장 많아졌으며,[173] 1980년에는 전국 모든 국공사립대학 중에서 가장 입학정원이 많은 대학으로 올라섰다.

영남대 총장은 출범 때부터 유신이 끝날 때까지 만주국 출신 인물들로 채웠다. 초대 총장 신기석, 2대 총장이었던 이선근, 유신시대 내내 총장이었던 이인기까지 모두 일제시기에 만주국에서 관료를 지내거나 만주국 협화회 협의원을 지냈던 인물들이었다. 영남대 총장은 권력이 막강해 지역유지들도 총장 앞에서 머리를 숙였다.[174]

1971년에는 박정희 대통령이, 그리고 1975년에는 대통령의 딸 박근혜가 직접 영남대를 방문해 힘을 실어주었다.[175] 아버지는 몇 년이 걸리더라도 '생산하는 캠퍼스', '공원 속의 캠퍼

---

[172] 매일경제 1967.12.23 영남대학 설립인가 기본방침 어겨 특혜
[173] 동아일보 1975.12.29 좁은 문 대학입학 정원조정과 그 특징
[174] 시사저널 2010.11 서울 뺨치는 막강 지방대 파워
[175] 매일경제 1971.9.6 생산하는 '캠퍼스'로 ; 경향신문 1975.6.27 근혜양 영남대생들과 간담회 "아빠의 결단성 존경해요 여성엔 간접적 사회활동 바람직"

스'를 만들라고 주문했고, 딸은 학생들 앞에서 "아빠의 결단성을 존경해요."라며 박정희를 추켜올렸다. 이 자리에서 여자들은 사회생활보다 가정을 지키는 게 더 중요하다던 박근혜는 아버지가 사망하자 1980년 3월 영남대 이사장으로 취임했다. 그리고 1981년 7월에는 박정희를 '교주'로 영남학원 정관에 명시했다.

<표 13> 대학별 입학정원의 변동

입학정원	학교명	66학년도	73학년도	79학년도	73-79 성장배수
국립대학	경북대학교	595	1,325	3,490	2.6
	부산대학교	760	1,480	3,490	2.4
	전남대학교	615	1,155	3,230	2.8
(수도권)	서울대학교	2,505	3,140	3,315	1.1
사립대학	영남대학교	대구 480 청구 345	1,960	3,620	1.8
	조선대학교	865(야간포함)	1,160	3,100	2.7
	동아대학교	935	1,300	3,020	2.3
(수)	고려대학교	1,310	1,975	2,105	1.1
(수)	연세대학교	1,430	1,900	2,190	1.2
(수)	이화여자대학교	1,645	2,030	1,843	1.1
(수)	성균관대학교	910(야간포함)	1,310	2,520	1.9
(수)	한양대학교	1,345	2,000	3,170	1.6

참조: 경향신문 1965.12.14., 1972.12.9., 동아일보 1978.10.7., 매일경제 1972.12.9.,
경향신문 1979.1.12.(이화 79년 자료)

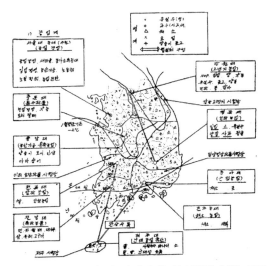

출처 : 제82회 제1차 문교공보위원회 회의록, 1972.7.26.

<그림 4> 지역대학 농업계열 특성화안

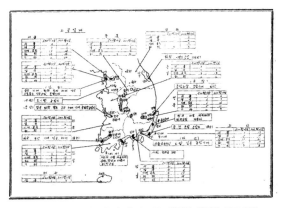

출처 : 제82회 제1차 문교공보위원회 회의록, 1972.7.26.

<그림 5> 지역대학 공업계열 특성화안

풍토 : "학풍쇄신"하는 대학

아무리 잘 설계된 체제라 해도 결국 체제의 완성은 구성원
의 실천에 의해 결정된다. 그래서 유신정권은 고등교육개혁을
"학풍쇄신" 혹은 "면학기풍확립"을 통해 완성하고자 했다. 교
수에게는 연구역량과 교육역량을, 학생들에게는 공부에 매진할
것을 주문했다. 대학의 풍토를 바꾸지 않으면 아무 것도 바뀌
지 않는다는 교육적 안목이 있었다. "학풍쇄신" 운동은 달리
면학기풍 확립, 혹은 교육내실화라는 이름으로도 불렸다.

기존의 대학정책이 대학에 들어가는 입구(입학)와 나오는 출
구(졸업)을 통제하는 방식이었다면, 학풍쇄신은 교육의 전 과정
을 직접 통제하는 방식이었다.[176] 한국의 대학역사상 최초로
정권이 대학교육의 전 과정에 개입하기 시작했다. 각 대학은
문교부 지시에 따라 매주 출석상황 보고, 강의개설 보고, 필수
교양과목 설치, 평가방법의 개정, 학사경고제 강화, 학생생활
누가기록부 작성과 보고, 졸업논문제 실시, 교수재임용제 등을
실시했다. 1975년 긴급조치 9호가 발동된 이후에는 정권의 개
입이 더욱 강도 높아졌다. 1975년 제정된 「학도호국단 설치령」
제1조에는 학도호국단이 "학풍을 쇄신하며 정신전력을 배양"
한다는 규정을 두어 학풍쇄신의 깃발을 높이 치켜들었다. 이

---

[176] 유기춘(1975.4), 같은 글.

때부터 유신정권이 막을 내릴 때까지 각 대학에는 연신 면학기풍조성 또는 학풍쇄신을 요구하는 문교부 지시가 내려왔다.

공부하는 대학을 만들어 '명랑'한 대학풍토를 정착시키겠다는 정부의 의지와 달리 대학들은 정부정책에 반감을 갖고 있었다. 서울대는 "위압적 분위기 속에서 이른바 '면학 분위기 조성'을 위한 여러 시책을 당국에서 시달하였고, 학사 운영은 전에 비할 수 없을 정도로 경직되어 갔다.", "면학분위기 조성은 명분에 지나지 않았고 실제로는 학생운동을 탄압하기 위한 조치였다."[177]고 당시를 고발했다. 교육풍토조성이라는 교육적 명분이 권력자의 정치적 무기가 되어버린 셈이었다.

공부하고 연구하는 대학이라는 올바른 명분은 정작 대학의 풍토를 기형적으로 만들었다. 강압적인 면학기풍은 비판의 자유를 꿈꾸었던 대학인들에게는 잔혹했고, 욕망하는 청춘들에게도 지나치게 억압적이었다. 아무 때나 강의실 문을 벌컥벌컥 열어 출석률을 확인하고 교수에게 출근표를 기입하도록 하고 학생의 면학을 수시로 감시, 보고하도록 강요하는 학풍쇄신은 대학인 모두에게 모욕적이었다. 모욕을 깊이 드리운 "명랑생활", 시대의 우울을 지운 "학풍쇄신"은 질기게 대학인들의 내면을 괴롭혔다.

"학풍쇄신"이 유신시대의 전유물은 아니었다. 시대와 상관

177 서울대학교 60년사 편찬위원회, 같은 책, 500쪽 ; 서울대학교 70년사 편찬위원회, 서울대학교 70년사, 서울대학교, 2016, 440쪽.

없이 연구와 교육에 매진할 수 있는 환경조성은 대학의 당연한 의무이다. 정권으로서도 학풍쇄신이라는 명분은 대학에 개입할 수 있는 가장 정당하고 저렴한 방법이었다. 육십 년대부터 여러 번 "대학교육정상화", "공부하는 대학"을 표방해 왔다.

그러나 1965년 권오병이 장관이 된 직후 발표한 「대학교육정상화방안」[178]은 누가 보더라도 면학기풍조성보다는 학생데모방지와 '불순'한 교수도태가 목적이었다. 전직 문교부 장관들조차 이 방안은 "학생과 맞서 싸우겠다는 생각밖에 없는 것", "난센스", "비민주적"이라는 비판을 토해냈다.[179] 「대학교육정상화방안」은 발표 직후 여론의 뭇매를 받아 철회했지만 유신시대에 결국 대부분 방안들이 시행되었다.

1967년 1월 박정희 대통령이 "대학에 공부하는 학풍을 조성하는 방안"을 강력히 추진할 것을 주문한 다음[180] 문홍주 장관은 「학풍조성계획안」을 내놓았다. 권오병 장관의 「대학교

---

[178] 경향신문 1965.9.20 그 골자; 학훈단 폐지, 군복무 단축 : 「대학교육정상화방안」의 내용은 다음과 같다. : 군사교육의 정규과목화, 학생회 및 학생단체 간부후보자는 평균 A학점 취득자로 제한, 학생회 및 학생단체 간부는 임명제로 선정, 재학 당시 기록한 품행소견표로 데모 주동자 등 품행이 단정치 못한 자 채용금지 공식화, 국가적 계획 아래 주기적으로 전국적, 지역적 규모의 각종 대학별 경기대회와 예능대회 개최, 국공유지를 개간하여 국토개발 및 학생들의 근로정신과 생산의욕을 앙양시킴, 대학신문을 순학술연구발표와 교내 뉴스로 제한, 국가관리의 학사고시 부활, 학사고시 성적이 부진한 학과는 정원을 줄이거나 폐과, 공무원채용 시 출신학교의 학업성적 참작, 학년 당 이수학점을 40에서 45학점으로 확대, 평소과제를 성적에 산정, 하위 20% F학점 배정하여 낙제, 정치사상적으로 불순하고 학생과 영합하는 교수 점차 도태, 교수겸직 금지, 특히 <동아>지와 <사상계>지에 관여한 교수 조치.
[179] 경향신문 1965.9.20 대학교육정상화방안, 큰 벽에 부딪쳐.
[180] 전국 대학총·학장 및 교육감회의 유시, 1967.1.24.

육정상화방안」이 '불순'한 교수와 학생에 대한 직접적인 정치적 대응이었다면, 「학풍조성계획안」은 다분히 교육적 대응의 양상을 갖췄다.

"공부하는 대학", "공부하는 대학생, 연구하는 교수"를 위해 첫째, 성적반영 기준 개선(출석률 30%, 시험 40%, 예습과 복습 30%), 둘째, 출석률 미달자 응시자격 불허, 셋째, 교수의 연구실 및 실험실습기구 확충, 넷째, 교수의 겸직제한과 타 대학 출강 억제 등이 구체적 안이었다. 이 학풍조성방안은 1967년 대학장학방침으로 결정돼 전국 대학에 시달되었다.[181] 「학풍조성계획안」은 반발이 거의 없었다. 대신 표어로만 잠시 대학가에 떠돌았을 뿐 학풍조성계획안이 대학을 바꾸지는 못했다.

유신선언은 본격적인 "학풍쇄신"의 기운을 고취시켰다. 유신 내내 정권은 중요 교육시책 혹은 장학방침으로 "유신교육체제의 확립"을 강조했다. 이 때 말하는 "유신교육" 또는 "교육유신"이란 교육기풍의 새로운 확립을 의미했다. "학풍쇄신"에 유신이라는 성격을 부여한 것이다.[182] 경북대에서는 "교수, 학생, 직원 모

---

181 경향신문 1966.12.24 송년대담(6) 학원 - 이순근(교육평론가).
182 "유신교육체제"는 유신시대의 교육체제, 혹은 교육을 유신하는 체제라는 의미로서 교육풍토의 쇄신을 뜻한다. 때로는 "교육유신체제", "교육체제"라고 쓰이기도 했다. 1973년 '민주교육의 강화(유신교육체제확립)', '유신교육체제확립', 1974년 '교육체제의 교육력 강화', 1975년에는 유신교육체제의 확립(유기춘 1주년 업적), '교육유신체제 확립(문교공보위원회 보고내용 1975.3.13)으로 표기되었다. 그 내용으로 학교경영쇄신(1972.12.28), 안정된 교육풍토와 학습·생활지도의 내실화(유기춘 1주년), 교원평정을 기반으로 한 교직자의 자세와 면학하는 학사제도(1975.2.7), 교육자의 자세확립과 학풍쇄신 등(문교공보위원회 1975.3.13)을 담고 있다. : 매일경제 1972.12.28 ; 동아일보

두 유신정신에 입각하여 본 대학교의 학풍을 쇄신"하는 「학풍 쇄신 실천방안」을 1972년 12월 1일에 발표하였다.[183] 구체적으로 학생들과 교수들이 엄수해야 할 규율을 다음과 같이 정했다.

학풍쇄신 실천방안

방침

(1) 교수는 학풍쇄신을 위하여 선도적 역할을 완수한다. 즉 연구와 교육에 전념하며, 학생지도를 철저히 하고, 유신정신을 고취한다.

(2) 학생은 면학과 건전한 학생생활을 실천한다. 즉 면학기풍을 확립하며 근면하고 질서 있는 생활을 실천하고 건전한 여가활동을 영위한다.

규율엄수

<교수> 강의내용의 연구와 방법의 쇄신, 강의시간의 엄수, 휴강, 전무(보강의 철저), 강의계획서 준수, 실험실습지도의 철저, 예습 복습의 지도, 과제제출 및 평가, 임시중간 기말고사 및 정확한 평가, 분담학생의 개별지도 철저, 연 1편 이상의 논문발표, 연구실환경정리(사치 불용품 제거), 총화안보의 실천 및 지도, 산학협력의 실천(지역사회 발전에 기여), 도난과 화재의 방지, 교내외의 새마을사업 실천, 각 과별 세미나 개최, 공문처리의 정확신속, 건전한 서클활동 지도.

<학생> 교칙준수, 강의시간 엄수, 결석전무, 예습 복습 실천, 과제학습 수행, 도서관 자료의 활용, 교양 및 지정도서 읽기, 환경미화 및 수목보호에 노력, 교복 착용, 건전한 서클 운영, 휴지꽁초 및 낙서의 처리, 교내외 봉사활동 실천, 학술강연 및 토론회 개최, 교내외 새마을사업에 참여(교내교실환경미화)

1973.1.23 ; 경향신문 1974.1.29 ; 유기춘 1주년 업적 ; 매일경제 1975.2.7 ; 문교공보위 1975.3.13.

[183] 경대30년사 편찬위원회, 앞의 책, 476–477쪽.

긴급조치 9호가 발동된 다음부터는 문교부에서 대학졸업개선방안을 각 대학에 시달했다. 1977년 2월 졸업예정자부터는 졸업논문을 필수적으로 제출하고, 종합시험은 대학에서 자율적으로 실시하도록 권고했다. 그리고 문교부는 대학마다 엄격한 성적관리와 출석관리, 학사경고제와 유급제 강화 지시를 빈번히 내렸다. 학과장은 교수의 출근을 확인하고, 교수는 학생의 출석을 점검했고, 교직원들은 교수의 강의개설 여부와 학생 출석률을 무시로 점검해 학과에서 단대로, 단대에서 대학 본부로 보고했다. 또한 지필시험만 아니라 출석률과 과제도 반영해 학생성적을 주도록 했다. 박정희 대통령은 긴급조치 9호 발동 이후 비로소 대학의 분위기를 꽤나 만족스러워 했다.[184]

한편, 교수의 연구 촉진 또한 학풍쇄신의 중요사항이었다. 칠십 년대 후반에 정권은 대학의 연구 환경을 위해 연구비 규모를 대폭 확대했고, 교수들도 연구비 수주를 위해 적극적인 노력을 했다. 1968년에 서울대 교수의 90%가 월급이 너무 적어 생계곤란을 호소하고, 1970년에도 교수의 19%(국공립교수 중 14.6%, 사립대학 교수 중 22.9%)가 다른 대학에 시간강사로 출강하던 상황에서[185] 대학 내 연구는 부재했다.

184 경향신문 1976.1.28 연내 재수생 대책 강구토론, 국민정신교육 강화.
185 「고등교육에 관한 장기종합계획(안)」, 『우리나라의 고등교육개혁안』, 1973, 136–140쪽 ; 경향신문 1971.4.9 수입 찾아 일에 쫓기는 아르바이트 풍조(6) 대학교수.

　이런 이유 때문에 문교부에서는 1963년부터 학술연구조성비를 만들어 첫 해에 총액 1,700여만 원을 지급했다. 연구신청 건수가 전국에 841건이 있고, 126건이 선정되었다. 초기에는 학술연구조성비 지급이 들쭉날쭉 해서 1965년 학술연구조성비가 전액 삭감되자 서울대 교수들이 연구환경 조성을 위해 정부의 보호와 육성이 필요하다는 성명서를 발표한 적도 있었다.[186] 그렇게 조성된 학술연구조성비조차 생계보조비밖에 되지 않았다.

　하지만 육십 년대 후반부터 문교부의 학술연구조성비 규모가 점차 커지기 시작해서 76년부터는 기하급수적으로 늘어났다. 77년에는 전해에 비해 무려 세 배가 증가하여 수혜자가 교수의 22%(1,900여 명)였고, 79년에도 78년(총액 20억)보다 총액이 두 배 증가(40억)하였고 수혜자도 4,800여 명이었다. 서울대는 특히 학술연구조성비의 최대 수혜자였다. 1979년 학술연구조성비 40억 가운데 1/3이 넘는 약 14억 원을 지급받았다.[187]

186　서울대학교 70년사 편찬위원회, 서울대학교 70년사, 서울대학교, 2016.
187　서울대학교 60년사 편찬위원회, 같은 책, 647쪽.

<표 14> 학술연구조성비 지급상황

연도	건수	인원	연구비(백만원)	수혜률(%)
1972	1,040	1,672	468.0	17.6
1973	1,031	1,599	468.0	16.8
1974	1,036	1,578	468.0	16.6
1975	799	1,179	421.2	12.2
1976	724	1,205	470.2	11.0
1977	955	2,661	1,560.0	23.5
1978	1,320	3,724	2,059.9	29.9
1979	1,848	4,791	4,079.8	34.5

참조 : 경향신문 1977.9.2.(1977년까지) ; 최열곤, 48쪽

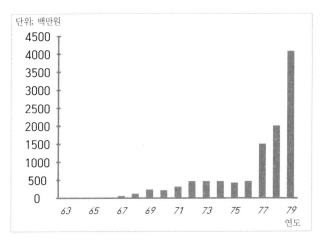

<그림 6> 학술연구조성비 지급상황

칠십 년대 중후반부터는 문교부 이외에도 한국과학재단과 외부재단들이 대학에 지원하는 연구비가 대폭 증가하기 시작했다. 1974년에 생긴 산학협동재단에서 학술연구 및 개발 사

업으로 5년간 총 15억 5천만 원을 지급했다.[188] 국공립대학에서는 1964년부터 교수 전원에게 지급(월 3,000원)하기 시작한 연구보조비가 1970년대 중반에 대폭 인상(1975년 정교수 월 7만 2천원)되었다.[189] 79년 7월에는 문교부에서 「학술진흥법」을 제정하기 위해 준비하였고, 이 법안은 유신정권이 끝난 79년 연말에 국회를 통과했다.[190]

문교부의 학술연구조성비는 주로 국가시책과 연관된 과제를 연구하는 팀에게 돌아갔다. 문교부에서 각 대학에 보낸 학술연구조성비 신청 지침을 보면 우선선정대상이 다음과 같았다.[191]

<1977년> 정부 각 부서 정책 연구요망 과제, 중화학공업 분야 연구, 새마을 사업 및 지역개발연구, 환경보전에 관한 연구, 한국학 분야 연구, 기타 국가 및 학문 발전에 기여할 수 있는 과제

<1978년> 일반정책과제, 교육정책과제, 환경보전관계, 대학 새마을, 특성화공대지원, 한국학과제, 기초학문, 실

---

188 동아일보 1979.6.19 「산학협동」 5년 실적과 내일의 과제들.

189 1974년에 국공립대학 전임강사 이상 월 2만 2천 원이었던 교수연구보조비가 1975년에 정교수 7만 2천 원, 부교수 6만 2천 원, 조교수 5만 2천 원, 전임강사 4만 2천 원으로 올랐고, 교육대와 국립전문학교에서는 기존 월 8천 원에서 교수 4만 원, 부교수 3만 원, 조교수 2만 5천 원, 전임강사 2만 원으로 올랐다. : 「교수연구비 지급대비표」, 유기춘 문교부 장관 취임 제주년 업적, 자료 소재 : 국가기록원 ; 경향신문 1975.1.20 국립대 전문교 교수 연구비 91~300% 인상

190 최열곤, 학술진흥정책의 수립과 그 법제화, 『한국교육정책개발사(1975~1984)』, 예지각, 1991, 45~65쪽.

191 국무총리실 기획조정실·평가교수단, 앞의 책, 292쪽.

험대학, 교수교류연구, 특별과제, 학회 및 학술단체지원

국가 정책사업 위주로 문교부는 연구비를 지원했다. 각 대학에서도 교수들에게 국가와 지역사회개발에 이바지하는 연구를 하도록 지시하고, 외부 연구비를 많이 타 올 것을 주문했다. 이공계열에는 한국과학재단의 지원이 커지면서, 국책연구과제 수행이 잦아졌다. 정권에 의해 교육과 연구마저 지나치게 정치화되면서 대학의 학문은 자유로운 탐구와 비판정신과는 거리가 멀어졌다.

정권은 연구하는 교수를 요구했지만, 실상 교수들에게 과연 연구역량이 있느냐 하는 근본적인 문제가 있었다. 대학교수 중에는 학사학위소지자들이 가장 많았고, 1970년에도 박사학위소지자는 18%에 불과했다. 당시로서는 교수들 상당수가 연구를 주도해 본 적이 없는 이들이었다. 많은 교수들이 기껏할 수 있는 일이 먼저 배웠던 내용을 학생들에게 전달하거나 원서를 급히 익혀가며 가르치는 교육이었다. 학문적 연구가 가능한 교수는 적었다. 그러니 연구하는 교수란 당시 지향해야 할 목표였지만, 당장 착수하기가 어려웠다.

이처럼 학풍쇄신이 한편으로는 엄격한 규율집행과 연구비지원 등 교육과 연구를 위한 환경조성이라면, 다른 한편으로는 국적 있는 교육을 위한 교양과목을 필수적으로 가르치는 것이었다. 칠십 년대 초부터 대학마다 교양과목으로 국민윤

리, 문화사, 철학개론, 국어, 체육 등을 가르쳤고, 1976년 이후 국민윤리, 한국사, 교련과 체육을 법적인 교양필수과목으로 전환했다.[192]

칠십 년대 연구환경조성은 교수에게 연구가능성을 열어주었고, 엄격한 출결관리는 높은 강의진행률과 학생출석률로 이어졌다. 하지만 공부하라고 옥죈다고 삼일운동이나 광주학생운동이 안 일어나는 것은 아니다. 강압적인 식민통치가 온존한다면 정의를 외치는 목소리와 행동은 잠재해 있기 마련이다. 대학인들에게 세상과 담 쌓고 캠퍼스 담장 안에서 오직 "조국근대화"를 위한 공부와 연구만 하라고 샅샅이 감시하고 처벌하는 면학분위기 조성이 오히려 역효과를 냈다. 대학인들을 탈정치화 하려는 정권의 정치를 체험하면서 대학인들은 정치적 행동의 정당성을 절감했다. 때문에 그토록 엄격한 규율과 감시 체제에도 고려대 한 교수의 회고처럼 "10월 유신 이후 대학이 정상적으로 수업을 한 학기가 드물었"고 학생이 없는 "무덤 같은" 캠퍼스를 견뎌야 했다.[193]

192 교육법시행령([1975.9.8 시행] [대통령령 제7806호, 1975.9.8 일부개정]) ; 교육법시행령, [대통령령 제6331호, 1972.8.26 일부개정] ; 서울대학교 70년사 편찬위원회, 같은 책, 438~439쪽 ; 부산대학교 70년사 편찬위원회 편, 부산대학교 70년사, 부산대학교, 2016, 206쪽.
193 오탁번, 감회 유별한 대학여름 방학, 동아일보 1981.7.8.

4. 자유를 잃은 유신의 대학

앞으로는 학원 스스로가 모든 문제를 자율적으로 처리해 나갈 것을 학교 당국에 당부하면서, 아울러 학원의 자유는 이 나라의 법과 질서를 지키는 테두리 안에서 책임과 의무를 완수해야만 누릴 수 있다는 것을, 깊이 명심하도록 촉구해 두는 바입니다. 학원의 자유를 빙자하여 법과 질서를 파괴하는 반지성적인 행동은 마땅히 근절되어야 하며, 그와 같은 반지성적인 행동이 대학의 자치와 민주라는 미명하에 또다시 상아탑을 위협할 때, 이는 결코 용납되어서는 안 될 것입니다. 하물며, 학원의 자유라는 탈을 쓰고 학원을 불순 세력의 온상이나 거점으로 삼으려는 불순한 책동은 단연코 퇴치되어야 하며, 또한 학원 스스로가 이러한 위협으로부터 학원의 권위와 명예를 지켜나가도록 노력해야 할 것입니다.(박정희 대통령, 학원 질서 회복에 즈음한 담화문에서, 1971.10.30)

유신정권은 대학질서를 위해 대학운영에 직접 개입하는 방식을 취했다. 대학을 움직이는 결정적 힘이 정권이었고, 유신정권에 의해 유신시대 대학의 풍경이 결정됐다. 경제성장의 상징처럼 더 좋아진 신식 캠퍼스에는 각종 행정과 정보인력을 통해 정권이 아주 깊숙이 들어왔다. 국가의 개입이 얼마나 깊고 세밀하였는지 금지, 진작, 사찰, 지시, 포섭, 배제라는 6가지 키워드를 중심으로 보고자 한다. 이는 유신시절 캠퍼스를 얻고 자유를 잃은 대학의 어두운 역사이다.

금지 : 청춘과 금지된 낭만

대학생들은 유신정권의 바람과 달랐다. 정권은 저항과 비판을 쏙 뺀 온순한 대학생, 민족중흥의 포부를 안고 전문기술을 익히는 유능한 대학생, 공산주의세력과 전쟁하는 순간에 자진해서 총을 울러 메고 붕대를 감아주는 반공적 국가전사를 원했다. 국민총화단결의 기수이자 '면학'에 열을 올리는 '선량하고' '명랑'한 대학생이기를 바랬지만, 청춘들이 그럴리 없었다. 스무 살 안팎의 청년들이 어느 나라 어느 땅에서도 애초에 그런 적이 없었다.

뭐든 안 되면 되게 하는 유신정권의 폭압적인 바람과 달리 대학에는 이전에 본 적 없던 새로운 청춘들이 쏙쏙 몰려들기 시작하였다. 1971년에 14만 명이었던 대학생들이 1978년 말에는 30만 6천여 명으로 늘어났다.[194] 학생들은 전국 각지에서 대학으로 몰려들었고, 그 중에서 대도시에서 자라 칠십 년대 말에 입학한 대학생들은 중고등학교 입시에서 해방을 맛 본 '뺑뺑이 세대'였다. 그들의 가슴에는 평등의식이 자라고 있었다.

육십 년대에는 매우 드물었던 여대생들도 캠퍼스 곳곳을 거닐었다. '아들 딸 구별 말고 둘만 낳아 잘 기르자'는 구호가 칠십 년대 초반부터 펄럭였지만 그저 구호에 지나지 않았던 남녀불평등 사회에서 여대생이란 존재 자체가 대학 사회 안에서 남녀평등의 미래를 상징했다. 이화여대, 숙명여대, 효성여대 같은 여자사립대들도 있었지만, 국공립대학에도 네 명 중 한 명은 여학생이었다.[195] 대학축제에서 쌍쌍파티는 남녀 대학생이 함께 있었기에 가능했다. 캠퍼스의 청춘남녀들은 서로 몸을 기대어 가장 뜨겁고 가장 찬란한 이십대를 지나고 있었다.

게다가 거친 삶의 흔적을 품은 재수 출신 대학생들도 좀 유명하다는 대학에는 열에 서너 명씩 있었다. 1974년 입학생 중 재수나 삼수한 학생이 고려대, 서울대, 연세대에는 약 35%

---

[194] 매일경제 1979.6.20 문교부 집계 학생 996,228명. 78년 말 현재 총인구의 26.9% 차지 : 전체 3700만 명의 26.9%인 996만여 명이 학생이고, 대학생 수는 총 30만 6천 54명, 그 중 4년제 대학생 수는 29만 6천 936명이다.

[195] 한국 대학교육의 변천에 관한 연구(김형관 외, 고등교육연구 3(1), 1991, 239-266쪽)에서 『문교통계연보』를 재인용 : 1970년에는 여대생이 전체 대학생 14만 6천여 명 중 22.3% (국공립 24.6% : 사립 75.4%)인 3만 2천여 명, 1975년에는 5만 5천여 명(26.5%), 1980년에는 9만여 명(22.4%)이었다. ; 동아일보 1975.5.12 뿌리 깊은 남아존중사상.

내외, 성균관대와 한국외대에는 약 절반이었다. 1975년 예비고사의 변화로 재수한 합격자가 좀 줄었다가 1977년에 다시 많아져 서울대에서는 약 40%를 차지했다.[196] 재수생 전성시대였다.

기성세대가 보기에 재수학원가는 불온의 온상이었다. 학원가는 풍기를 문란케 하는 맥주홀과 음악다방, 당구장과 여관이 즐비한 유흥가를 끼고 있었다. 학교와 달리 감시자가 없는 학원의 재수생들은 그야말로 자유분방했다. 전국 재수생의 40%인 5만여 명이 서울에 몰려들었고 이들은 광화문 일대의 재수학원가에서 이미 세상을 삐딱하게 보는 법을 배웠다. 대도시마다 재수학원가가 있었고, 그 곳에는 사회적 저항과는 다른 '낙오자'의 불온함이 스멀거렸다. 기성세대는 그들의 불량함을 탓하며 냉대했다.

그 속에서도 1년을 버티고 2년을 버텨 그들이 대규모로 대학에 몰려 들어왔다. 지역도 마찬가지였다. 경북대에는 1976년 신입생의 26%, 1978년 30% 이상이 재수를 했었다.[197] 고등학교를 갓 졸업한 신입생들로 가득한 대학들보다야 재수생들이 주름잡는 대학들이 훨씬 덜 '명랑'할 수밖에 없었다.

---

[196] 동아일보 1976.1.28 재수생(1) 원인과 현황 ; 경향신문 1978.1.28 서울시내 주요대학 입학자 중 재수생 비율 ; 경향신문 1978.1.13 좁은 문 서울대... 갈수록 좁아진다. ; 경향신문 1978. 9.29 재수생 대입예시 13만 명 ; 경향신문 1978.10.10.

[197] 경북대학보 1976.3.11 신입생 74%가 금년도 졸업 ; 경북대학보 1978.3.6 신입생 현황 ; 경향신문 1978.10.7 대학진학률 18%에서 22%로, 교육보편화에 한걸음.

전후 베이비붐세대라 자라는 동안 어딜 가나 또래들이 북적댔으며, 대학진학은 좀 어려웠으나 중학교무시험입학과 고교평준화 덕에 시험과 학벌의 굴레를 비교적 가벼이 통과했고, 쑥쑥 성장하는 경제 덕택에 문명의 이기와 돈맛을 조금씩 알았으며, 근대화와 함께 쏟아져 들어오는 서구문화와 TV에 몸과 마음이 빼앗겼으며, 가족과 지연 게다가 국가에 묶인 거창하고 따분한 인생 대신 개인의 자유를 탐닉하였다.

'우골탑'을 신조어로 만든 1969년보다 유신시대의 등록금은 더 빠른 속도로 치솟고 있었으나 칠십 년대 후반으로 갈수록 기업들이 대졸자 인력 스카웃전을 펼칠 때니 졸업 후가 든든했으며,[198] 육십 년대 유럽과 일본, 그리고 한국을 강타한 '스튜던트 파워'를 보고 듣고 때로는 경험한 세대였다. 고학생들은 입주과외와 그룹과외를 하거나 막노동판에서 고된 노동을 체험했다. 농촌 출신들은 농촌사회에 정서적 공동체의식을 느끼고 있었다. 주위에는 대학을 오지 못한 친구들이 더 많았다.

이런 대학생들이 그저 묵묵히 면학하고 사상 없이 선량하고 낭만과 우울을 꾹꾹 누른 채 명랑할 리 만무했다. 자까지

---

[198] 국무총리실 기획조정실 평가교수단, 앞의 책, 271쪽 ; 매일경제 1979.3.30 평균취업률 89.7% 전년보다 3~10% 증가 ; 동아일보 1979.4.6 대졸 취업, 대기업 편중 벗어나: 서울대 95.4%, 고려대 97%, 연세대 87.5%, 서강대 98.4%, 외국어대 99.2% ; 매일경제 1979.9.5 대학후기졸업생 취업률 낮아져, 본사조사 작년 백% 비해 올해 83% 수준 ; 매일경제 1979.12.12 얼마나 달라졌나 소용돌이 친 70년대 사회상을 돌아본다(2) 취업기회 ; 동아일보 1980.3.5 연세대 취업률 호조.

들고 쫓아다니며 굳이 치마길이를 재는 음흉한 경찰과 교수의 눈길을 피해 골목을 뒤돌아 뛰고 학교 담장을 훌쩍 넘고, 장발을 휘날리며 자유를 만끽했다. 담배연기 자욱한 음악다방에 소복이 모여 앉아 음악과 생맥주 한 잔에 몸을 맡겼다. 통기타, 블루진, 생맥주는 70년대 청년문화를 상징했다.

성장하는 경제 속에서 개인의 자유주의 욕망도 분출했다. 어린 시절부터 방안으로 들어온 TV 덕에 새로운 문화를 접했던 청춘들이었다. 언론들이 짐짓 근엄하게 저질이라 훈계하던 쌍쌍파티도 대학축제 때마다 마다할 이유가 하나 없었다. 대학 공부도 문학과 철학보다는 실용적인 어학, 상업, 공업 등으로 분야를 넓혀가면서 세상을 보는 경제적이고 실용적인 관점을 배웠다.

강남개발에서부터 시작된 전국토의 부동산 투기 욕망이 들끓던 시대, 부동산에 대한 욕망이나 학벌 욕망은 사실 성격이 다르지 않았다. 부동산이 한 번 소유하면 결코 소멸하지 않는 안정적인 고부가가치 자산이었듯이, 학벌 또한 한번 획득하면 사라지지 않는 안정적인 고부가가치 자산으로서 가치가 컸다. 교육을 통해 잘 살아보려는 욕망은 큰 투자나 모험 없이 안전하게 사회경제적으로 성공할 수 있고 명예도 높일 수 있는 확실한 길이었기에, 가족들이 전력을 다해 교육에 투자했다. 대학생 한 명 한 명은 가족들의 욕망을 대변하는 존재들이자 개인의 욕망을 실현하는 존재들이었다.

그 뿐이랴. 해방 이후 인간존엄, 자유, 평등 같은 서구적 가치를 교육받았던 대학생들은 교련 반대 시위에 동참하고 반유신 시위에 박수를 보내며 선후배의 제명소식에 망설임 없이 대열을 짓고 제적생을 돌려달라는 시위에 동참하는 낭만적인 정의의 세대였다.

* 매년 1학기 기준. (공대는 1970년 창립, 전자과 이전에는 물리과 기준)

<그림 7> 경북대학교 재학생 등록금 변동

수적으로는 적었지만 유신정권에 저항하는 대학생들도 있었다. 정보요원의 사찰을 피해 지하서클을 만들고, 반유신의 길로 주저 없이 뛰어들고, 조국통일을 외치며 몸을 불사르고, 뒤늦게나마 전태일의 대학생 친구가 되어 야학으로 공장으로 성큼성큼 걸어 들어간 이들도 있었다. 대학생임을 미안해하고 혼자가 아닌 모두가 잘 살 수 있는 좋은 세상을 꿈꾸었다. 노

동자들에 대한 부채의식이 클수록 기를 쓰고 공장으로 들어가거나 당당하게 정권에 맞서고 교도소에 들어갔다. 소수여도 순전시체제 아래서 그들의 목소리와 실천은 늘 날카로웠고 비장했다.

재수생과 대학생, 일반 청년들이 서구문화에 심취했다면, 시위학생들은 탈춤을 추고 민중적 노래를 되살려 부르고 독서토론을 하는 건전한 애국청년이었다. 더 나아가 시위학생 중에는 사회체제의 변혁을 꿈꾸고 실천하는 이들이 있었고, 어떤 이들은 교도소로 보내졌고, 어떤 이들은 사형 당했고, 누군가는 알 수 없는 죽임을 당했다.

유신시대의 대학생들은 박정희 대통령 시대를 살았던 이들이었다. 성장기 내내 박정희가 대한민국의 유일한 대통령인 줄 알았던 '박정희 키즈'였다.[199] '국민학교' 때부터 똘똘한 반공웅변 연사가 되고 반공 포스트를 그리며 훌륭한 반공투사로 교육받고, 1960년대 말부터는 국민교육헌장을 줄줄 외우고, 남녀 가릴 것 없이 고등학교에서 총 들고 붕대 감으면서 교련훈련으로 몸과 마음을 단련했다. 전쟁을 겪진 않아서도 전쟁의 폐허를 기억하고 반공교육을 착실히 받아 온 '다수의 선량한' 학생들이었다. 유신시대 대학생들이 반공주의의 틀을 깨기란 쉽지 않았다.

---

[199] 서명숙, 영초언니, 문학동네, 2017.

하지만 정권이 보기엔 대학생들이 문제투성이였다. 1960년대 내내 대학생들은 정권의 불의한 행동에 맞섰던 조직적인 엘리트 집단들이었다. 유신시대 전후해서 준전시체제 구축을 위해 성인남자들을 모두 예비군과 민방위군으로 조직하던 때지만, 도무지 이 청춘들은 전쟁을 모르는 듯 정신상태가 엉망이었다. 이 청춘들은 수난의 상징인 일제시대와 전쟁을 직접 겪지 않았던 세대였다. 서구문화를 탐닉하는 이 '정신적 방랑아'들이라니.

유신정권은 대학생들의 정신을 단련시키기 위해서는 학생 전체를 학도호국단 체제로 완전히 재편하여 전시체제에 적합한 '정신전사(情神戰士)'로 훈련시켜야 했다. '세계적화'에 대비하여 '멸공'하는 자세를 키워야 한다는 방침을 세웠다. 학도호국단 창설은 '일부' '불량'한 학생을 골라 처벌하는 그 이전의 조치들과는 그야말로 전혀 차원이 달랐다. 대학생 전부를 '퇴폐적 낭만'에서 구원해 반공전사이자 기술인력으로 양성하는 인간개조사업이었다.

정권은 고비를 더 바짝 조였다. "퇴폐 향락적 문화"를 추방하기 위해 대학생들의 두발, 옷차림, 장신구까지 단속했다. 정권은 온 국민을 단속 대상으로 삼았다. 1972년에 "장발족, 고고홀 출입, 전위적인 옷차림 등 각종 퇴폐풍조사범"을 자그마치 40만 명가량 적발했지만 법적 근거가 없어 훈계 처리만 하고 돌려보낸 아쉬움이 있었다. 정권은 1973년에 경범죄 처벌법을 강화했다.[200] 법적 근거를 얻어 장발, 미니스커트, 고고장 출입을 드디어 금지했다. 서구적 학문을 배우고 서구 사상에 젖어 일상문화까지 "퇴폐 향락적"인 대학생은 일상 곳곳에 퍼진 국가의 감시망 아래 놓였다. 그렇다고 청춘들의 발랄한 몸과 마음까지 금지할 수는 없었다. 청춘들은 장발을 자유의 상징으로 생각했고 틈나면 음악다방을 기웃거렸다. 자유가 절실했다.

긴급조치 9호 발동 후, 정권과 대학들은 다시 한 번 대학생의 일상에 제동을 걸었다. 1975년 5월 28일에 전국 대학학생처과장들은 회의 결과, "비상체제 하의 대학의 건전기풍을 조성하기 위하여 학생의 장발을 단속"하기로 결의했다. 이를 어긴 학생은 출석 불인정, 증명서 발급금지, 도서대출 금지, 기타 학생활동을 중지시키기로 했다. 회의 결과에 따라 각 대학들은 학생들의 장발을 단속했다.

경북대의 경우 1976년 3월 12일 교문 앞에 총장과 학장, 교수들이 지키고 섰다가 학생 삼백 여명을 장발과 복장불량으로 적발했다. 6월에도 단속을 앞두고 교문과 도서관, 학생회관 출입문에 계몽구호를 붙여 두었다.

---

200 매일경제 1973.2.1 자칫하면 걸린다 보강된 경범죄 처벌법내용 : 각별히 신설한 경범죄 항목에는 ▶ 지나친 장발을 하거나 선량한 풍속을 해하는 비천한 의복, 장식을 착용하는 행위(제49호) ▶ 투명한 옷을 입거나 치부 등 신체의 일부를 과도하게 노출하는 행위(제50호) ▶ 비밀댄스교습행위 및 그 장소제공행위(제51호) 등이 포함되었다.

"장발자는 출입을 사양합니다."

장발 단속은 학교 밖에서도 안에서도 계속 됐다. 옷은 물론 귀걸이까지도 단속했다. 교수들은 문제학생들을 적발하고 훈계한 결과를 학교본부에 보고했다.

학도호국단의 구령소리가 충천한 캠퍼스 안은 사회보다도 더 혹독한 유신의 바람이 불고 있었다. 춤도, 노래도, 옷도, 책도 마음껏 향유할 자유를 억압했던 것이 유신정권이었다. 그런 정권이 청춘들의 마음을 얻을 리 없었다. 정권이 청춘들을 내몰수록 정권에 대한 저항이 커지기 마련이었다.

청년들이 "반정부 구호를 외치지 않는 이상 이들의 문화적 자유주의를 그저 모른 척하고 포용했더라면" 유신의 향배는 달라졌을지 모른다.[201] 유신정권은 청춘들에게 어떤 낭만도 불허했다. 만약 이영미의 분석처럼 문화적 낭만주의나 낭만적 정의감을 표현할 자유를 허용했더라면 청년들은 유신반대의 길로 가지 않았을지 모른다. "해도 해도 너무 한" 유신정권이 결국 많은 청년들을 유신반대시위에 나서게 했다.[202] 경제성장과 국토개발의 한가운데서 경제적 욕망만 쫓아 살기엔 주변의 불평등 그늘이 너무 깊고 짙었다. 자유를 쫓기에는 곳곳에 도사린 사찰의 눈이 청춘들을 숨 막히게 했다. 일상을 꽉

---

201 이영미, 동백아가씨는 어디로 갔을까, 인물과사상사, 2017, 310쪽.
202 여정남기념사업회 경북대학교학생운동사편찬위원회 지음, 청춘 시대를 깨우다 - 경북대학교 학생운동사 1946-1979, 삼천리, 2017.

조인 모든 금지가 결국은 청춘들에게 유신의 절벽을 허물게 하는 가장 넓고도 깊은 힘이었다.

<건전한 생활실천(퇴폐풍조 배격)>[203]

(학생) 장발금지, 유흥가 출입금지, 밝은 가요 부르기(저속가요 금지), 사치복장 금지(청바지, 파라솔, 하이힐 포함), 거리질서 준수, 인사하기, 고운 말 쓰기, 시간 지키기 실천, 건강생활 실천

진작 : 반공, 새마을, 그리고 병영

정권은 소란스러운 대학을 '정지작업'한 다음, 대학에 민족중흥의 의욕이 넘치는 대학인들로 채우고 싶었다. 인간개조는 쿠데타 초창기부터 박정희 정권의 한결같은 교육 목표 중 하나였다.

반공과 새마을정신 고취를 위해

유신시기 대학 안에서도 반공의 기운이 더 높아졌다. 1975년 4월 30일 베트남 종전과 함께 전 국토에서 국민들의 총력안보궐기대회가 열렸다.[204] 대학들도 대규모 총력안보궐기대

---

[203] 학풍쇄신 실천사항 1972.12.1 발표 : 경대30년사 편찬위원회, 같은 책, 476~477쪽.
[204] 동아일보 1975.5.8 전국안보궐기 계속 ; 경향신문 1975.5.10 20여명이 멸공혈서.

회를 열고, 반공교육 및 반공영화상영, 멸공사진전에 학생들을 동원했다. 1975년 4월 8일 긴급조치 7호 발동 이후 여전히 휴교 중이던 고려대와 휴강 중인 서울대와 연세대 등, 서울 8개 대학 3만여 명이 5월 9일 "승공통일, 총력안보"를 다지는 궐기대회를 개최했다. 이 날 서울대 궐기대회에서 서울대 총장은 학생들에게 "안보대열에 앞장설 것"을 촉구하고, 학생대표는 "이제까지 학생운동이 국민총화를 저해하고 국가안보를 위태롭게 했다"면서 "유사시에는 총칼을 들고 전장에 나가 공산당을 몰아내자"고 응답했다.[205]

경북대, 부산대, 아주공대. 홍익대……. 서울과 지역 가리지 않았고 어디서든 총력안보를 결의하는 궐기대회가 꼬리를 물었다. 드디어 8월 29일 전국 대학 및 고등학생 10만여 명이 각 지역에서 격전지를 순례하고 오후 4시에는 일제히 멸공궐기대회를 열었다. 유기춘 문교부장관이 직접 멸공의 결의를 다지며 중단 없는 전진을 당부했다.[206]

어쩌면 1970년대는 통일할 수 있는 절호의 기회였을지 모른다. 국제질서의 변화도 그렇고 국내에도 절절한 심정의 분단당사자들이 있기에 전쟁의 상흔을 통일로 치유할 수 있는 에너지가 있었다. 그러나 남과 북 정권 모두 이념적으로 너무나 자신만만했고, 이념을 이용해 권력을 유지하고 있었다. 남

---

205 경향신문 1975.5.9 서울대 등 8개 대학 3만여 명 "총력안보" 궐기.
206 경향신문 1975.8.30 격전지 순례 10만 학생 멸공결의 굳게 다져.

북의 권력자들은 분단을 매개로 정치적 기반을 다졌고, 심지어 유신 선포를 계기로 남과 북 모두 독재체제의 기반을 확고히 했다. 유신정권은 반공 이데올로기를 강화시켰고 대학들도 반공을 위한 동원에 기꺼이 나서던 시대였다.

새마을운동도 대학에서 진작시켜야 할 중요한 정신이었다. 농촌계몽운동으로 출발했던 새마을운동을 도시로 확장할 때 새마을운동은 새마을정신운동으로 변모했다. 어디서든 자발적으로 근면성실하고 공적인 일에 협동하는 인간을 강조함으로써, 전 국민을 잘 살아보려는 왕성한 의욕의 소유자로 개조하고자 했던 것이다. 대통령의 관심이 곧 국민의 동원의무가 되던 시대에 박정희 대통령의 관심사인 새마을운동은 전국 어디에서나 강조됐다.

그러나 권력에 의한 동원이든 권력에 동참하는 것이든 공동체가 살아있던 농촌과 달리 도시의 공장으로, 도시의 대학으로 들어간 새마을운동은 새마을운동의 흔적만 보여줄 뿐 성공하지 못했다. 문교부에서는 끊임없이 교육목표로서 새마을운동을 강조하고, '대학 새마을'에 많은 학술연구비를 지급했고, 대학 내에서 새마을운동을 지시했다. 1978년 학술연구비 중 실험대학연구와 특성화공대사업에 각각 약 2억과 1억 7천만 원을 지원할 때, '대학 새마을' 연구비로도 1억 2천만 원을 썼다. 1979년에는 1억 7천만 원을 투자했다.[207] 대학들은 새마을운동 지시가 내려오면 한 달에 한 번 총장과 교직원들이 일제히 빗자루 들고 캠퍼스 안팎을 청소하고, 식목일이면 새마을운동의 일환으로 학생을 동원해 캠퍼스에 식목행사를 했다. 정권 차원에서 대대적으로 실시하도록 요구한 대학생 농촌봉사활동, 의료봉사활동도 새마을운동의 일환이었다.

그러나 학교 안팎 비질 몇 번, 나무심기 말고는 대학에서 딱히 새마을운동이랄 게 없었다. 방학 때 하는 대학생 사회봉사활동을 새마을운동의 연장선으로 정권과 대학에서 억지로 갖다 붙여도 정작 대학생들은 새마을운동이라고 생각지 않았다. 대학에서 새마을운동은 정권 눈 밖에 벗어나지 않으려는 요식행위이거나 학생들이 애써 새마을운동으로 인지하지 않는 학생들의 행사였다.

캠퍼스에는 병영의 기운이

유신시대 캠퍼스는 각 세운 기합소리와 충성을 외치는 사열소리로 병영의 기운을 짙게 내뿜었다. 정권은 1960년대부터 진작 대학을 병영체제로 만들고 싶었으나 대학이 확고한 병영체제로 전환한 때는 1975년 6월 7일 학도호국단을 부활시켰을 때이다.[208]

---

207 국무총리실 기획조정실 평가교수단, 앞의 책, 292쪽, 3권 289쪽; 약 20억원(1,999.9백만 원)의 편성을 보면, 가장 많은 영역은 기초학문(720건)과 일반정책과제(164건)에 각각 약 63억, 50억이었다.

208 1975년에 창설된 학도호국단은 4·19 혁명으로 사라졌던 <대한민국 학도호국단>의 단순한 부활이 아니었다. 목표부터 달랐다. 한창 전쟁 중이던 1951년 <대한민국 학도호국

　이승만 정권 때 만들어진 학도호국단이 4·19혁명으로 폐지된 후, 군사정권은 권력을 쥐자 이내 학도호국단 부활을 시도했다. 권오병 장관이 1965년 9월 「대학교육정상화방안」의 하나로 ROTC를 해체하고 대학생 전원을 병역복무체제로 전환해 군사훈련 시키겠다는 구상을 내놓았다가 학생들과 사회의 거센 반발로 실패했다. 1975년 마침내 십 년을 끌었던 베트남전이 북베트남의 승리로 종전되자 세계적으로 공산주의 세력에 대한 위기감은 높아졌고, 유신정권은 오래 묵혀두었던 학도호국단 설치를 강행했다.

　학도호국단 설치 때까지 정권이 마냥 기다리지는 않았다. 학원 병영화 계획은 집요했다. 1960년대 후반부터 야금야금 실시해 왔다. 1968년 4월 국방부는 학생군사훈련을 정식교육과정에 포함시킬 방침을 정하고 문교부의 협력을 요청했다.[209] 문교부에서는 1968년 2학기 때 전국 11개 고등학교를 시범학교로 정해 교련수업을 실시하고, 1969년부터 고등학교 이상 모든 학생들에게 교련 과목을 부과하기로 교육법시행령을 개정하였다.[210] 대학에서는 3학년까지 주 2시간, 총 6학점(총 180시간)을 이수하되, 여학생과 ROTC는 제외했다. 교련과

단>은 "학생의 과외활동을 통하여 개성의 발전을 조장하고 자치능력을 배양하며 학도의 애국운동을 통일지도하여 사회봉사의 실행을 기한다."는 일정한 교육적 목적을 적시하고 있었다. 유신정권이 보기에는 과외활동, 개성발전, 자치능력 따위는 한가한 소리였다.
[209] 동아일보 1968.4.5 고교·대학생 전원에 군사교육.
[210] 경향신문 1968.10.17 승공위해 배우며 힘 길러.

목 이수자는 군복무 단축의 혜택을 줬다.

실시 한 해가 지나고 1970년 5월에는 전국 대학생 3만여 명과 대통령, 각료, 대학총장과 교육계 인사들이 참가한 전국교련실기대회를 열었다. 이 자리에서 대통령은 지금 대한민국은 전쟁의 위험에 처한 준전시상황이며 대학생들은 학구에만 전념할 때가 아니라, 투지와 용기, 근면, 성실, 인내, 정열과 밝은 지성을 갖고 국가 위기를 극복해야 한다고 훈계했다. 난데없이 신라 화랑들도 이 자리에 불려나왔다. 화랑들처럼 공부하고 훈련하며 역사의 위업을 달성하자고 대통령은 웅변했다.[211]

교련 실시 두 해 후 국방부는 1970년 12월에 71년부터 대학 내 군사훈련을 대폭 강화하는 시행세칙을 확정해 대학에 시달했다. 우선 학군단을 폐지하고 남녀 학생 모두가 의무적으로 군사훈련을 받도록 한다는 안이었다. 문교부는 국방부의 요구를 받아 1971년 1월 27일 대학교련강화방안을 최종확정해 세부시행요강을 각 대학에 시달했다. 각 대학에 870명의 교관단을 배치하고, 수업은 전술학, 화기학, 일반학(총검술, 선쟁사, 국방개론 등) 등을 가르치며 수업시간은 4년 동안 일반훈련 315시간, 집체훈련 396시간, 총 711시간을 이수하도록 정했다. 일반교육만 주3시간에 달하고, 교련시간 전체는 대학수업의 20%에 달했다.[212] 군대 6개월을 단축해 줄 테니 대학시

---

211 박정희 연설 : 제1회 전국 대학 교련 실기 대회 유시 1970.05.23.
212 동아일보 1971.1.27 총 수업시간의 20%나 차지.

절을 군인으로 지내라는 발상이었다.

이 시행안은 대학생이 아닌 동년배 청년들이 보기에는 대학생에 대한 군 단축 특혜이고, 대학생이 보기에는 대학의 자유를 뿌리째 흔드는 병영화 과정이었다. 1968년 이미 향토예비군을 창설해 사회를 병영화한 상태에서 대학마저 병영으로 만들려는 이 정책은 지식인들이 보기에도 학원을 군대화하는 절차였다. 대학의 근본적인 존재이유를 병영체제로 바꿔버리는 방안에 대학생이 가장 격렬하게 반대했다. 소수 불순학생들의 선동이라고 정부는 선동하며, 교련강화반대자들과 교련 불이수자들을 모조리 징병해버리겠다고 위협하고 데모하는 학생들을 대학에서 쫓아냈다.

학생들은 물러서지 않았다. 전국 차원에서 견고하게 대응했다. "높아지는 군화소리에 상아탑이 무너진다." "학원병영화 반대한다."는 구호는 힘을 얻었다. 71년 한 학기를 내내 전국 대학생들은 교련강화 반대투쟁에 나서서 71년 10월 위수령 발동 후 문교부 발표한 교련거부자가 6,322명으로 병무신고대상 학생의 절반이나 됐다.[213] 이 과정에서 결국 정부가 물러섰다. 1971년 6월 25일 국무회의에서 개선안을 확정했다. 711시간의 시간은 180시간으로 대폭 줄이고 집체교육은 없애며, 4학년과 예비역은 교육대상에서 제외했다. 3개월 복무단

---

[213] 동아일보 1971.10.22 전국 6개 문교지시 완결

축 혜택을 주기로 했다. 국무회의 결정 다음 날 전국 교무처 장회의에서 개선안이 시달되었다.[214] 단, 학교에 배치하는 현역군인을 예비역으로 교체해달라는 학생들의 요구는 수용하지 않았다.

정권의 집요한 학원병영화 계획이 마침내 1975년 학도호국단 창설로 완성되었다. 1975년 5월 13일 긴급조치 9호를 발동하고 5월 20일 전국 대학총·학장을 소집해 학도호국단 설치와 군사교육 강화를 지시하는 한편, 국무회의에서 학도호국단 설치령을 의결했다. 6월 7일 "학풍을 쇄신하고 정신전력(戰力)을 배양하며, 배우면서 지키는 호국학도로서의 사명을 완수"하기 위한 학도호국단 설치령이 시행되었다. 학도호국단 강령에는 '멸공호국'에 앞장서자고 명시하여 학도호국단이 반공을 위한 조직임을 밝혀두었다.

1975년 문교부 장관을 중앙학도호국단 단장으로 하여 각 대학의 총장, 교직원, 학생 전체를 하나의 준전시조직으로 편재했다. 준군사조직인 만큼 운영체제는 철저히 상명하복이었다. 6월에는 대학마다 학도호국단 발단식을 치르고, 9월 2일에는 전국 차원에서 중앙학도호국단 발단식을 성대하게 거행했다. 김종필 국무총리, 정부 각료들, 중앙학도호국단 단장 유기춘 문교부 장관, 교육계인사들 1천여 명, 그리고 전국 학도호

---

214 부산대학교 70년사 편찬위원회, 같은 책, 240쪽.

국단원 4만여 명이 참가해 분열식과 총검술을 펼쳐 보이고 약 9km 시가행진을 벌였다. 하늘에선 종이꽃가루가 날렸다.[215]

이게 끝일 리 만무했다. 1975년 2학기부터는 군사교육을 강화하는 '대학일반군사교육강화지침'이 시행되었다. 예비역이라도 1학년부터 3학년까지 전체 남학생들은 주당 4시간, 한 학기 총 60시간 군사교육을 받아야 하며, 1976년 1학년부터는 병영집체훈련을 10일간 별도로 부과하였다. 그리고 한 학기에 10시간 이상 군사교육에 결석한 학생은 "군사교육거부자로 판단"해 바로 징병하도록 했고, 군사교육은 계획보다 "단 1시간도 누락"할 수 없다고 못 박았다. 그리고 매년 11월이면 대학마다 학도호국단 검열식을 했다. 단장인 대학 총장이 앞장서고 지역의 각계 인사들이 다 참여하는 검열식은 중대한 지역행사였다.

이 자리에서 학원병영화와 유신반대를 외치려 시위를 모의했던 학생들은 자칫하면 군대체제에 도발하는 쿠데타 행위로 몰릴 뿐더러, 검열식에 참가한 학도호국단원의 진짜 총칼 아래 무자비하게 진압당할 염려에 분루를 삼켜야 했다.[216] 대학은 병영 자체였다. 유신이 대통령 저격사건으로 끝난 후에도, 군사쿠데타로 또 다시 군인이 대통령이 되면서 학도호국단체제가 한참은 더 오랫동안 대학을 지배했다.

---

215 경향신문 1975.9.2 시가행진도 늠름히
216 여정남기념사업회 경북대학교학생운동사편찬위원회 지음, 앞의 책

사찰 : 그들이 학교 안에 산다

국무총리는 전국 대학 총장들과 학장들 앞에서 발표했다. "앞으로 학원사찰은 일체 없을 것이며 학교는 총·학장 여러분에게 맡겨질 것이(다)."[217] 이때가 1973년 12월, 유신헌법이 시행된 지 1년이 지났다. 대학이 정말 새로워지려는 유신적 모색이었나? 유신적 모색은 더 촘촘하고 강력한 사찰이었다. 사찰을 하지 않겠다는 발언으로 정권이 한 발 물러선 듯 했지만, 그 속 의미는 스스로 학내질서를 유지하지 못하는 대학에 대한 경고였다.

사찰은 유신시대 내내 정권이 대학운영과 대학인의 생활 전 영역을 강력히 통제하는 방식이었다. 대학만 아니라 언론에도, 교회에도, 기업에도 정권의 사찰이 만연했다. 사찰을 통해 사람들을 길들였다. 사찰을 통한 정보정치는 모든 영역에 퍼져 있었다. 권력기관의 사찰이 하릴없는 관음증일 리 없다면 24시간 언제 어디서 이뤄질지 모르는 사찰은 사찰대상을 정신적으로 파괴하는 행위이다. 눈에 보이지 않는 타인의 시선을 항상 의식하며 자신의 사고와 행동을 위장하고 조정하면서 정신적으로 불안에 시달려야하는 영혼 파괴행위이다.

---

[217] 경향신문 1973.12.13 김총리 치사 "앞으로 학원사찰 절대 없다" ; 제88회 제15차 국회 문교공보위원회 회의록 제15호, 1973.12.15.

더욱이 사찰하는 정보요원들은 작은 꼬투리라도 잡으면 학생들에게는 퇴학과 구속으로 위협하고, 교수에게는 해직과 폐교를 입에 담았다. 대학 안에서 공안사건을 만들기 위해 프락치 양산도 서슴지 않고 했다. 학생 프락치, 교수 프락치, 교직원 프락치까지 누구든 필요하다면 프락치로 삼았다. 서로가 서로를 감시하도록 하는 프락치는 공동체를 파괴하고, 마침내 모든 개인들이 자기검열에 시달리게 하며, 인간들을 도덕적으로 파괴하는 폭력적 정보정치이다. 그렇게 내부에서부터 무너지게 하는 방법이 프락치이다.

유신시대에 학원사찰은 공공연했다. 대학 안에서 대학인들은 정보요원들과 누구나 다 아는 기묘한 동거를 했다. 시작은 군사정부 초기부터였다. 학교에 상주하는 정보요원들이 있고 그들이 사건을 조작해 학생들과 교수들을 위협하고 있다며 야당이 강력히 항의하고, 문교부 장관과 내무부 장관이 국회 본회의에서 앞으로 학원사찰을 없애겠다고 한 때가 1964년이었다.[218] 대통령마저 나서서 "학원의 질서는 그들 지성의 자유에 맡겨야 한다. …… 학원을 사찰하는 사람이 있으면 내가 사찰하겠다."고 특별담화를 발표했다.[219] 이보다 한 해 전에

---

[218] 경향신문 1964.4.17 학원사찰 계속 추궁 ; 동아일보 1964.4.20 학원사찰금지 엄 내무장관 언명 ; 동아일보 1964.4.24 퇴학위협 학원사찰 언론규탄 중지하고 국민에 사과고백하라.

[219] 경향신문 1964.4.16 국민운동본부 곧 해체, 정보부 지방지부폐지, 박대통령 정치백서

도 문교부 장관과 내무부 장관이 나서서 학원사찰은 절대 안 된다고 제법 근엄하게 발표했다.[220]

그렇지만 대통령까지 학원사찰은 절대 안 된다던 그 단호함은 1964년 계엄령을 해제한 후 여당이 갑자기 상정한 「학원안정법」에 속내가 담겨 있었다. 「학원안정법」은 학원사찰은 금하되 '반공법과 국가보안법, 형법 등을 어길 정황이 있을 때'는 수사기관 요원이 학원에 출입하도록 허용하고, 학생 단체활동에 대한 간섭을 금하되 '선도할 목적이 있을 때'는 간섭해도 좋다는 조항을 두었다.[221] 대학과 사회의 극심한 반발로 법안은 수면 아래로 가라앉았다.

그러나 법안은 무시로 수면 위로 올라왔다. 법안 통과여부와 무관하게 유신이 끝날 때까지 어디든 그들이 있었다. 그들은 굳이 '음지'에 있지도 않았다. 캠퍼스 한가운데 있었다. 학내 최고 권력자인 총장실과 멀지 않은 곳에 중앙정보부 요원들이 방 한 칸을 차지하고, 그들은 학생들의 동태를 살피고 중앙정보기관에 보고하고 학생들의 징계를 설성하고, 필요한 때는 그들이 원하는 사건을 조작했다.[222] 정작 캠퍼스를 누비

---

220 경향신문 1963.4.29 학원정치사찰 엄금 이 문교, 대구서 담 ; 경향신문 1963.4.30 학원사찰 안 된다. 박 내무, 부산에서 다짐.

221 동아일보 1964.7.31 공화당이 단독제안한 두 안전판법안(安全瓣法安)-학원안정법 전문 제3조(학원사찰의 금지), 제4조(학생단체의 활동에 대한 간여금지) 조항 등.

222 진실·화해를 위한 과거사정리위원회, 「2009년 상반기 조사보고서」, 539-〈사건〉라 -8635, 8636, 8641, 8643 병합 4건, 유신체제하 학원통제사건, 2009a.

는 자유는 그들 몫이었다. 누구라도 10명 이상 모인다면, 누군가가 "학우여"로 시작하는 긴 성명서나 구호 중 "학"자만 외쳐도 가장 먼저 달려와 제압하는 이들이 중앙정보부 요원들과 학내 상주 경찰들이었다. 학생들의 서클활동이나 신문발행도 감시 대상이었다.

시위학생만 감시하는 게 아니었다. 대학 자체도 감시했다. 대학 행정 관료들의 활동을 사찰하고 보고했다. 학생 시위가 잦거나 비판적인 총장이나 교수가 있다면, 국공립이건 사립이건 막론하고 대학 총장이나 교수 사찰도 일상적으로 행했다. 이화여대 김옥길 총장과 고려대 김상협 총장 전화기는 365일 도청 당했다.[223]

대학 안에만 중앙정보부 요원과 경찰이 어슬렁거린 것은 아니다. 교문 앞에 탁 버티고 선 경찰서 혹은 파출소. 그 곳에도 감시의 눈이 늘 시퍼렇게 살아있었다. 학교와 경찰이 사인만 맞으면 언제든 경찰들도 학내로 밀물처럼 쏟아져 들어갔다. 이미 1971년 10월 학원안정화 조치 발표 때 '특명사항'으로 "경찰은 그 학원 내에 들어가서라도 주도 학생을 색출하여 치안 유지에 만전을 기하라. 군대는 필요할 때에는 절차에 따라 문교부, 내무부 및 지방 장관의 요청에 적극 협조하라."고 지시했다. 그래서 긴급조치 7호가 내려지고 학교에서 학생을

---

223 최종선, 산자여 말하라 : 고 최종길 교수는 이렇게 죽었다, 공동선, 2001.

내쫓고 군인들이 총 들고 교문을 지켰다. 누구도 들어가지 못하도록 군인들이 텅 빈 캠퍼스를 지켰다.

대학을 감시하는 눈은 대학의 자유를 한 점 남김없이 거두어갔다. 정권의 참으로 변태스러운 욕망은 사찰을 자행하면서도 대학생들에게 "명랑하고 건설적이며 의욕적"으로 면학하기를 촉구했다[224]는 점이다. 그들의 사찰로 대학과 인간의 자유를 파괴해버리고서는 자유 잃은 대학과 대학생에게 명랑함과 건설적인 의욕을 강요하는 행태는 권력의 변태적 습성이다. 애국애족과 국가발전을 늘 앞세우면서 뒤로 부정비리와 인권침해가 횡행했던 것처럼.

1973년 12월 13일 정권은 전국의 대학 총장, 학장들을 중앙청 제1회의실에 "소집"했다. 김종필 국무총리, 민관식 문교부장관, 박종홍 청와대 문교사회담당특별보조관을 비롯하여 69개 대학 총·학장들이 모인 자리였다. 1973년 유신체제가 구축되고 몇 번의 작은 학생 시위와 조직사건이 이어지고 8월 김대중 납치사건이 터진 후, 10월 2일 서울대 문리대 학생들이 유신헌법의 부당성을 외치며 반유신시위의 불을 지폈다.

서울대에서 시작된 유신반대시위는 전국 대학에 퍼져 나갔다. 고려대, 연세대, 이화여대, 한신대, 경북대, 효성여대, 전남대, 수도여사대, 감리교신학대, 영남대, 부산대, 단국대, 동국

---

[224] 경향신문 1973.12.13 김총리 치사 "앞으로 학원사찰 절대 없다."

대로 시위는 계속 퍼져 나갔다. 학생들은 학내에만 머물지 않고 도심으로 진출해 가두시위를 했다. 투석전도 마다 않고 유신체제의 반민주성을 알렸다.[225] 열악한 노동문제도 고발했다. 11월 5일에는 전국대학생 동맹휴학 사건으로 시위행렬은 더욱 커져갔다. 12월까지도 반유신과 구속학생 석방을 외치는 학생 시위는 그칠 줄 몰랐다.

고등학생까지 시위에 가담한 데다 노동자의 시위, 그리고 언론들의 언론자유수호선언이 줄을 잇자 12월 7일 박정희 대통령은 구속된 학생들의 석방을 지시했다. 그리고 12월 13일 국무총리는 전국 대학의 총장과 학장을 소집했다. 국무총리는 앞으로 "일체의 학원사찰"이 없다고 선언했다. 대신 학생들이 반체제운동을 하면 중대한 사태가 생길 것이라며 경고했다.

"일체의 학원사찰이 없을" 리 없었다. 사찰은 근절되지 않았다. 유신 내내 사찰은 지속되고 강화되었다. 학생들의 유신 반대투쟁이 거세지자 1974년 이후 중앙정보부는 학원 사찰을 한층 강화했다. 1974년 중앙정보부 서울지부를 해체하고 그 중앙정보부 요원들이 특명수사국(6국)으로 대거 편입되었다. 그들은 언론과 종교기관 그리고 학원 등을 사찰하는 임무를 맡았다.

서울대에는 중앙정보부 2국(보안정보국) 학원과 담당자와 6

---

[225] 민주화운동기념사업회 엮음, 한국민주화운동사 2 유신체제기, 돌베개, 2009.

국(특명수사국) 학원과 담당자가 파견되어 있었다. 1973년 10월 중앙정보부에 출두했다 시체로 발견된 서울대 최종길 교수의 동생이자 1974년 당시 서울대 담당 중앙정보부 요원이었던 최종선은 정보기관의 프락치 공작에 따른 폐해가 이루 말로 다할 수 없었다고 증언한 바 있다. 서울대에는 중앙정보부 요원만 아니라, 당시에 치안본부와 남부경찰서 정보과 요원, 치안국 요원, 문교부의 학생지도사까지도 파견되어 있었다.[226]

모든 학생과 모든 교수가 사찰대상은 아니었다. 하지만 모든 학생과 모든 교수는 사찰대상이 될 수 있었다. 그들이 반유신시위에 가담하거나 가담할 정황이 있으면. 혹은 정부정책을 비판하거나 불평할 기미가 있다면 누구나. 모두가 사찰대상이 아니어도 사찰당하는 이들이 어떤 처지가 되는지를 보면서 모든 학생과 교수는 공포를 느끼고, 자연스럽게 자기검열 했다.

정보요원이나 경찰의 협박 또는 요구로 프락치가 된 이들도 대부분 불안과 공포를 벗게 된다. 스스로 친구를 팔았다는 자괴감에 프락치 활동을 한 학생은 인격이 붕괴되기 십상이었다. 설령 국가를 위한다는 명분을 속속들이 내면화했다고 해도, 그 명분의 실천방식이 인간내면을 괴롭히기는 마찬가지다. 대학생 프락치를 바로 국가권력이 만들었다.

---

226 최종선. 앞의 책, 249~250쪽 ; 김학민, 만들어진 간첩, 서해문집, 2017, 358쪽 ; 진실·화해를 위한 과거사정리위원회(2009a), 같은 책

그렇다고 권력이 그들을 끝까지 책임지지도 않는다. 프락치 행위로 의심받던 한 학생은 학교에서 제명당한 후 끝내 복교하지 못하고 싸늘한 시신으로 발견되었지만 그의 죽음은 누구도 슬퍼하지 않는, 아니 슬퍼하지 못하는 죽음이었다.[227] 사찰은 대학 안에 공포와 죽음의 그림자를 드리웠다.

지시 : 총장임명에서 학생상담기록까지

대학행정은 오로지 지시였다. 문교부 장관들은 하나같이 대학의 자율이 중요하지만, 비리와 무질서 때문에 대학 자율이 어렵다고 비판했다.[228] 장관의 비판은 약과다. 1971년에는 대통령이 직접 나서서 대학은 자율 할 능력이 없다고 못 박기도 했다. 이후로도 긴급조치 발표 때마다 대학은 자유를 봉쇄해야 할 표적 집단이었다. 유신시기에 상명하달식 행정은 극에 달했다.

교육결정권, 상부지시에 따라

대학들은 중앙정부에 종속되어 있었다. 사립대학들도 국가로부터 지원받는 재정이 점차 커지고, 국가정책을 따르지 않

---

227 여정남기념사업회, 앞의 책
228 민관식(1975), 같은 책 ; 유기춘(1975.4), 같은 글, 143쪽.

으면 제재가 심했기 때문에 자율성을 추구할 형편이 아니었다. 중앙정부의 지시에 따라 대학은 복종했다. 먼저 문교부 장관이 전국대학총·학장회의를 소집해 각 대학 총장과 학장들에게 지시를 내린다. 전국 처장회의를 통해서도 문교부는 지시를 내렸다. 문교부의 지시가 내려지면 모든 대학의 총·학장들은 대학으로 달려가 학장회의에서 교수들에게 재지시하고, 교수들은 지시사항을 충실히 이행하거나 필요한 사항은 전학시간에 학생들에게 재전달했다.

지시와 복종으로 맺어진 대학행정체계의 출발은 총장 임명과 승인에서부터 시작되었다. 1961년 쿠데타 직후 바뀐 국공립대학 총·학장 임명제는 그대로 지속됐다. 임기기한도 정권이 총장 6년에서 4년으로 일방적으로 바꿨다. 사립대학 총·학장들도 대통령이 임명할 수는 없지만, 1963년 제정된 사립학교법을 통해 사립학교 임원들은 '당해 사립학교 감독청의 승인'을 받아야 하고(제21조) 감독청이 총·학장의 해직이나 징계를 요구할 수 있었다(제54조). 1964년 개정된 사립학교법은 사립학교에 관한 개입의 물꼬를 텄다.[229] 학생 시위가 잦으면 국공립대학이든 사립대학이든 문교부가 온갖 수법으로 총장을 압박해 몰아냈다.

---

[229] 「사립학교법」 제4조에 의해 초중등학교는 당해 지역의 감독(예. 서울특별시장, 각 도지사 등)을 받고, 사립대학과 사립 사범대학이나 실업고등전문학교 등 사립학교법인은 문교부 장관의 지휘·감독을 받도록 했다.

대학에 내려오는 지시사항 중에는 국방부의 시시도 있었고,
또 무소불위의 힘을 자랑하는 정보기관의 힘도 작용했다. 교
수와 학생에 대한 징계권한이 형식적으로는 각 대학에 있지
만, 징계를 압박하는 힘은 따로 있었다. 정보요원이 교수에게
직접 해직 위협을 한다든가, 필요하면 대학 학장에게 학교를
"쑥밭으로 만들어 놓겠다."고 경고해 교수사회를 침묵하게 만
들었다. 학생 징계를 결정할 때도 문교부 장관은 항상 각 대학
에 징계결정권이 있다고 우겼지만, '정보부의 징계 리스트를 문
교부가 받아 각 대학 총·학장들에게 불러 주고 그 명단대로
징계에 들어간 것 아니냐'는 국회의원의 심문에 문교부는 답할
말이 없었다.[230] 징계 해제 때도 마찬가지였다. 어느 날 갑자기
대통령이 지시하면 대학들은 징계를 해제해야 했다.[231] 대학행
정의 핵심인 구성원에 대한 결정 권한이 대학에 없었다.

가장 근본적으로는 학교를 문 닫고 열 수 있는 교육권이
대학에 없었다. 유신시기 동안 정권이 대학에 내린 휴교 및
휴강 조치는 대학이 교육권마저 상실했음을 보여줬다.[232]

휴교 및 휴강조치 1973년 13개교, 1974년 45개교, 1975년
23개교, 1977년 4개교, 1979.10.27-11.18일 모든 학교// 조기

---

[230] 최종선, 앞의 책 ; 제82회 제2차 문교공보위원회 회의록 1972.7.27.
[231] 제88회 제5차 국회 문교공보위원회 회의록 제15호, 1973.12.15.
[232] 진실·화해를 위한 과거사정리위원회, 2009년 상반기 조사보고서, <사건>라-8635,
8636, 8641, 8643 병합 4건, 유신체제하 학원통제사건, 547쪽에서 재인용.

방학 1973년 20개교, 1974년 6개교, 1978년 1개교

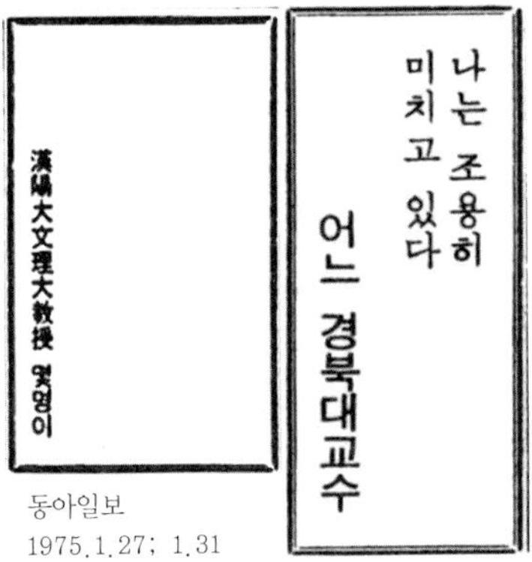

대학의 학칙 역시 대학이 자율적으로 개정할 수 없었다. 정권의 학칙개정 지시가 위헌이라는 국회의원의 지적이 있었지만, 정권은 아랑곳하지 않았다. 1971년 위수령 발동과 함께 대통령이 발 벗고 나서

漢陽大文理大教授 朴英二

나는 조용히 미치고 있다 어느 경북대교수

동아일보
1975. 1. 27 ; 1. 31

<그림 8> 1975년 초 동아일보에 대한 탄압에 사람들은 자발적으로 동아일보 광고 싣기를 했고, 여기에 교수들은 말을 잃은 채이거나 '조용히 미쳐가고 있는' 실정을 토로했다.

서 학칙개정을 닷새 만에 끝내도록 대학에 지시하고, 대학마다 부랴부랴 개정작업하기에 여념이 없었다.[233] 1975년 학도호국단 창설 이후에도 학칙개정작업을 지시하고 대학들은 학칙을 개정해야 했다.

1973년 12월 문교부 장관이 문교공보위원회에서 교수의 교권확립과 학문적 비판을 보장하겠다고 다짐했다.[234] 그러나 유신시기에 학문의 자유가 보장되었다는 평가는 후대 어느 대학에서도 없었고, 교육행정의 자유를 보장했다는 흔적도 찾

233 경향신문 1971.10.20 학칙보완작업한창. 문교부 20일시한 이행을 독촉 ; 경향신문 1971. 10.21 44개대학 학칙개정 승인 ; 경향신문 1971.11.17 문공위 "학칙보강지시는 위헌"
234 제88회 제15차 문교공보위원회 회의록 1973.12.15.

을 수 없다. 자유를 말살했다는 증거는 충분하다. 유신 이전에 대학에 내려오는 행정지시 대부분은 학생 시위방지 관한 깃이있시만 유신 이후에는 고등교육개혁과 함께 각종 문교적 행정지시들도 쏟아졌다. 실험대학과 대학특성화 관련 지시, 교양 필수과목 관련 지시, 그리고 면학분위기 조성을 위한 각종 지시도 꾸준히 이어졌다. 대학의 학장회의는 회의가 아니라 지시하달사항 점검장이었다.

물론 시위대비지시도 빠짐없이 내려왔다. 가령 4·19가 있는 4월이면 문교부는 「학원대책」을 각 대학에 내려 보내고, 교수들에게 학생 감시를 지시했다. 전남대 송기숙 교수는 4·19를 전후하여 교수들이 "강의시간표 짜듯이 누구는 도서관 앞에서 몇 시부터 몇 시, 누구는 사범대학 벤치 옆에서 몇 시부터 몇 시, 이런 식으로 보초를 서서 학생들을 감시해야만 했"던 자괴감을 고백한 바 있다.[235]

문교부 지시사항은 매우 광범위하고도 세밀했고, 교수들도 밥숟가락 위에 올려 진 지시사항을 거부하기 어려웠다. 교수로서 비굴했든 진실을 가르칠 수 없어서 괴로워했든[236] 교수들로서는 학자로서, 스승으로서, 한 인간으로서 차마 하고 싶지 않은 일들도 거부하지 못했던 비애가 있었다.

---

235 송기숙, 송기숙 교수 1심 공판 최후진술 요지, 광주지방법원 1978.8.23.,
   출처: http://db.kdemocracy.or.kr/
236 여정남기념사업회, 앞의 책 ; 송기숙 교수 1심공판 최후진술 요지.

4월중 학원 대책

1. 행사지도 강화
   - 행사 사전승인 및 현장지도 강화
   - 미승인 행사 및 미등록써클 지하활동 단속
   - 전교생 전 학년 동일 장소 모임억제(정규수업 제외)
   - 교양학과 교양특강(외부인사초청) 잠정적 중단
2. 교수 비상근무 태세 확립 및 수업 철저
   - 전교직원(수업여부 상관없이)는 08:30-18:00까지 교내근무토록 함
   - 교수는 연구실에서 학생을 면담지도토록 함
   - 휴강을 없애고 부득이 결강 시는 다른 교수로 대강토록 함
   - 휴강 또는 결강할 사유가 발생 시는 하루 전 또는 늦어도 2시간 전에 교학과에 통보
   - 교수는 수업시간 5분전에 입실하고 다음 시간 담당교수가 입실할 때까지 계속 학생과 같이 있도록 함
   - 학과별로 과제를 부여하여 수업종료 후 도서관에서 공부토록 유도함
   - 교학과는 매일 매시간 휴강, 결강 우무를 확인하고 즉각 대응조치를 강구함
3. 불온사태 시 주동학생 색출
   - 수업시간 중 발생한 사태에 대해서는 담당교수가 책임 색출함
   - 휴식시간 중 발생한 사태에 대해서는 휴식시간 전후 수업담당교수가 책임 색출함
   - 각 건물별 또는 캠퍼스 주요지역 순찰책임자는 주간순찰을 강화하고 불온유인물 수거 및 추동자 색출을 책임짐
4. 문제학생 사전지도
   - 학생과는 문제예상학생 사태를 파악하고 명단을 작성 지도교수에게 특별지도토록하여 결과보고서를 제출하도록 함
   - 지도교수는 학생 수시면담을 책임순화 하도록 하여야 함
   - 순화불가능 학생은 사전격리조치 시키도록 함

---

5. 교내 출입자단속
   ○ 관계자의 출입단속(수위) ○ 학생뺏지패용(단속) : 호국단
6. 비상근무 조편성 08:30-21:00 비상근무함
   ○ 일숙직 및 순찰강화
7. 사태 발생 시 대응 조치
   ○ 관계기관에 즉각 보고 ○ 주모자색출 처벌 ○ 불온사태 확산예방

<그림 9> 문교부 지시 사항(1977년)

교수, 학생 동태를 파악하여 기록하다

유신 후기로 갈수록 유신정권은 대학생에 대한 일상적이고 예비적인 단속을 하고 싶어 했다. 분담지도교수제와 서클지도교수제는 학생동태파악을 위한 방책이었다. 지도교수제를 통해 교수들이 학생들을 A, B, C, D 네 등급으로 분류해 보고하도록 지시한 사실은 국회에서도 논란이 되었다. 1979년 10·26 직전에는 "요선도학생 특별지도"와 학부형 감시까지도 문교부가 대학에 지시했다. 모멸적이라 해도 교수들이 학생동태파악을 게을리 하지 못하는 까닭은 교수가 작성한 선도대상 학생명단에 없는 학생이 시위에 가담할 경우, 총장과 학장이 책임지도록 요구했기 때문이었다.[237]

또 하나의 중요한 방책으로 1976년 문교부에서 제안한 학생상담기록카드, 즉 「학생생활누가기록부」 작성이 있었다.[238]

---

[237] 제88회 제1차 문교공보위원회 회의록 1973.10.10 ; 진실·화해를 위한 과거사정리위원회, 「제24회·제25회 행정고시 면접탈락 사건」, 『2008 하반기 조사보고서 제4권』, 2009, 341쪽 ; 진실·화해를 위한 과거사정리위원회(2009a), 같은 책, 557쪽.

권오병 장관 당시, 학생들의 재학시절 「품행소견표」를 만들어 불순한 학생들의 취업을 제한하려고 했던 방안을 떠올리게 하는 것이었다. 사실 기록의 힘은 기록된 대상들을 권력이 바로 읽을 수 있는, 즉 한 눈에 파악해 통제할 수 있는 대상으로 만든다는 사실에 있다.

교수들은 대학에서 매월 학생동태를 파악해 내실 있는 「학생지도상황 월말보고서」를 제출하도록 독촉 받고 「학생생활 누가기록부」를 작성해야 했다.[239] 학생생활 누가기록부가 장기적이고 일상적인 감시와 통제 장치가 될 위험성은 당시 여러 교육자들과 국회의원들이 지적하고 있었다.[240]

요즈음의 이 정권은 여당이고 야당이고 정치인에 대해서나 고급공무원에 대해서나 개개인에 대해서 모든 행적과 그분이 지금까지 걸었던 길 등등이 <카아드>제로 되어 있어 그 사람 하나하나를 평가한다고 하면 <마이크로 필름>인가 무엇인가 수록된 장소에 가서 자주 본다는 얘기도 듣고 있습니다. 결국은 국민학생으로부터 대학생에 이르기까지 이러한 <카아드>제를 만드는데 있어서의 근

---

[238] 동아일보 1976.1.29 학생생활기록제의 재고를 ; 동아일보 1976.3.22 학생생활기록누기제 평가·활용의 공정성에 의문–학생 학부모, 교사 반발도 ; 동아일보 1976.3.12 취직 때까지 붙어 다닐 그림자 학생생활기록의 누가제

[239] 경북대학교 50년사 편찬위원회, 앞의 책, 1996, 297쪽 ; 강명숙, 앞의 글.

[240] 제95회 국회 문교공보위원회 회의록, 1976.3.22 ; 동아일보 1976.1.29 학생생활기록제의 재고를 ; 동아일보 1976.3.12 취직 때까지 붙어 다닐 그림자 학생생활기록의 누가제 ; 동아일보 1976.3.22 학생생활기록누가제 평가·활용의 공정성에 의문– 학생, 학부모, 교사 반발도.

본발상은 학생들이 사회정의감에 입각해서 슬기로운 이
론감(理論感)을 찾기 위해서 투쟁하는 이런 것까지도 근부
발살시켜서 그저 교수들이나 학교당국에나 고분고분하면
서 잠자코 있어야만 된다는 그런 정치적인 성격이 적어
도 80% 이상은 차지하고 있다 이렇게 본 위원은 보는데
장관은 어떻게 생각하(는지요?)

실제 누가기록부는 학생 개인의 신상은 물론이고 영혼까지
탈탈 털어 기재하도록 한 대외비 장부였다. 학생의 교내생활,
독서이력, 요선도 관계, 매달 상담내용과 지도사항을 기록하
는 장부였고, 학생들은 이런 장부가 있는지조차 몰랐다. 이
비밀장부는 학생들이 취직할 때나 법조인이 되려고 할 때 정
부와 기관에서 참고자료로 활용하도록 할 목적이었다. 지도교
수가 매달 학생을 면담한 내용을 기록해 제출하면 학장을 거
쳐 학생처장의 검인까지 받도록 했다.

실제로 작성된 기록부 내용을 보면, 복장이나 두발, 예절
상태가 어떤지 체크하고, 읽은 책과 책 분량까지 기입했다.
교우관계, 서클, 시국관에 따라 지도교수는 선도여부를 결정했
다. '지도내용'을 적는 칸에 지도교수는 민감하게 반응했다. 학
생이 시위에 가담하면 지도교수가 책임져야 하기 때문에, 교수
들은 지도한 내용을 꼼꼼히 적어 두어야 했다. 그리고 특별히
선도가 필요한 학생에게는 수시상담과 동태파악을 하고, 미리

순치시키라는 지시가 학교에서 내려왔다. 이처럼 지시와 복종만 있는 대학행정체계는 대학을 반교육적 공간으로 만들었다.

<표 15> 학생생활지도누가기록부 양식의 일부

필수기록사항
성명, 출신학교(초등-고등학교), 학적사항, 병사관계, 과외생활활동(단체명, 부서 및 직위, 목적 및 활동내용), 본적, 현주소, 숙소지, 긴급연락처, 보호자, 보증인, 가족사항, 교우관계, * 상세상황 체크표[241] - 숙소별, 학비관계, 생활정도, 건강상태, 부직, 졸업 후 진로, 취미 특기 오락, 기호, 독서상황, 성격에 대한 자기평가

면담내용 기록(매달 + 학기말 총평)				
3월 ( )일 ___시부터 ___시까지 상담장소___	교내생활	독서상황	참고사항	학 장 검 인
	결석 ( )회 복장(단정, 불량) 두발(정발, 불량) 예절(양호, 불량)	책명: 저자명: 독서면수 p	건강상태 (양호, 요요양) 교외생활 (성실, 불성실) 상벌종류 상___ 벌___ 부직명 :	
	요선도관계	총평	학생의 요망 및 지도사항	
	교우(문제성무, 요선도) 경제(문제성무, 요선도) 써클(문제성무, 요선도) 시국관(문제성무, 요선도) 기타	모범( ) 보통요관찰내용:	학생의 요망 지도내용	

---

241 각 항목에 대해 아주 상세하게 기록하게 되어 있다. 가령 <숙소별>이라는 항목은 <자택(아파트, 양옥, 기와집, 전세, 월세), 친척, 친지하숙, 자취, 기독학생회관, 기타>에서 선택하도록 돼 있다. <생활정도>에 동산과 부동산 보유액을 적도록 하고, 문화시설로 자가용차, 피아노, 냉장고, 세탁기, 전화, 전축, TV, 라디오, 응접실, 욕실 중 있는 것에 체크를 하고, 생활상태로 상, 중상, 중, 중하, 극빈 중 선택하도록 돼 있다.

포섭 : 교수를 체제내화하다

칠십 년대 교수들은 새로운 환경을 맞고 있었다. 1961년처럼 생계가 걱정되어 국립대학 총장 임명을 받고도 썩 내키지 않아 할 만큼 열악한 환경이 아니었다.[242] 각종 연구비 규모가 커지고 있었다. '근무성적이 불량하거나 학생지도에 소홀한 자'가 아니면 연구보조비도 지급받고[243] 국책과제를 수행하면 학술연구비도 받을 수 있었다. 대학교수들의 해외파견 연구사업도 1978년부터 시작되어 총 100명이 미국 등으로 나갔고, 박사과정 이수자 연구지원과 대학 간 교수 교류 연구지원 사업도 실시했다.[244] 이렇게 변화하는 환경에서, 소수의 사회비판적 교수들이 대학에서 쫓겨날 때도 교수들은 각자 연구실에서 연구에 매진하는 전문가가 되어가고 있었다.

교수들이 권력과 가까워질 수 있는 길도 열렸다. 쿠데타 직후부터 군사정권은 교수들을 적극 영입했기 때문에 '교수정치'한다는 시중의 냉소적인 시선을 받았다.[245] 유명한 교수들 중 장관이나 정부 요직으로 차출되거나 국회의원이 되는 이

---

[242] 계철순, 앞의 책 ; 경향신문 1977.10.28 사립대 대우가 훨씬 좋아 교수봉급 국립대보다 10% 높아 : 전국 국공사립대 교원봉급실태조사결과에 따르면, 사립대는 교수 34만 3200원, 부교수 27만 9700원, 조교수 24만 300원, 전임강사 20만 4천원이며 국립대는 교수 30만 1천원, 부교수 26만 1천원, 조교수 22만 2천원, 전임강사 18만 6천원이다.

[243] 1975.5.16 문교부훈령 제278호 국공립대학연구보조비 지급규정.

[244] 평가교수단, 제4차경제개발5개년계획평가보고서 제1편, 1979, 1권 270~271쪽.

[245] 권보드래 외, 1970 박정희 모더니즘, 천년의 상상, 2015, 96~97쪽.

들이 있었다. 저개발 독립국에서 지식인의 임무는 국가사업에 적극 참여하여 국가발전에 기여하는 것이라는 인식이 지식인들에게 팽배해 있었다. 유신정권과 다른 목소리를 내는 교수들은 대학에서 추방하는 한편, 정권을 옹호해줄 교수는 적극 기용함으로써 대학 내의 지식인들은 급격히 정권 친화적인 목소리를 높이거나 침묵하고 있었다.

"평가교수단"은 전문가로서 국가시책사업 평가에 참여할 기회였기 때문에 교수들이 탐내는 자리였다. 정권으로서도 광범위한 전문가집단을 활용할 수 있는 좋은 방안이었다. 1965년 경제개발5개년계획을 평가하기 위해 내각기획조정실에서 14명의 교수들로 '경제개발계획평가위원'을 꾸리면서 평가교수단이 시작되었다.[246] 이듬 해 박희범을 비롯한 29명의 교수가 1차 경제개발 5개년계획 종합분석평가서를 처음으로 제출하였다.

1970년에는 대통령의 지시로 평가교수단을 90명으로 늘이고 참여분야도 경제학에서 탈피해 다양한 정부시책에 대한 평가를 하도록 허용하였으며 명칭도 '정부시책평가위원'으로 바꾸었다. 그리고 서울중심의 평가교수단을 보완하기 위해 각

---

[246] 중앙일보 1974.6.15 평가교수단 : 창설 「멤버」는 14명– 남덕우 박진환 조동필 표현구 유진순 윤동석·최호진 김상겸 이석륜 이창렬 조내훈 최영박 이기준 장석윤 교수 ; 이강식, 평가교수단을 평가한다. 신동아 77, 1971.1, 180~188쪽(이 글에서는 창설 당시 인원이 15명이라 적혔지만, 당시 많은 신문들에는 14명이라 적시되어 있고, 이름이 밝혀진 이들도 14명이라 14명에 따른다.)

지역에도 지역개발평가교수단을 꾸렸다. 1970년에 지역평가교수단으로 임명장을 받은 이들이 각 시도별로 20명씩(제주도는 15명) 총 215명이었다. 칠십 년대 내내 전국에 약 300명에 이르는 평가교수단이 있었다. 평가교수단은 연 1회 담당분야 평가보고서를 제출하고, 매달 월례회나 부정기회의를 열고 정부정책 평가와 함께 건의도 담당하였다.

평가교수단을 꾸리는 내각기획조정실장에 따르면, 접촉한 교수 10명 중 8, 9명이 평가교수단 참여를 희망할 만큼[247] 많은 교수들은 기꺼이 평가교수단이 되고 싶어 했다. "한 발은 캠퍼스에, 한 발은 정부에 들여놓은" 평가교수들[248]에게는 여러 혜택들이 있었다. 운이 좋으면 대통령 앞에 설 기회를 얻고 행정부와 두터운 인맥도 쌓았다. 평가교수단 출신으로 남덕우나 박희범처럼 장관이나 차관, 혹은 정부의 자문위원이나 청와대 보조관으로 발탁될 기회도 생겼다. 유정회 국회의원 구범모, 김명회, 서영희, 이범준도 평가교수단 출신이었다.

정관계 진출의 기회 외에도 혜택이 많았다. 정부 대표로 국제회의나 학술대회 참가 목적으로 한 해에 평균 두세 번 외유할 기회가 있었고, 청와대 정책자료실을 열람할 권한을 가졌고 국회와 여러 기관들에서 자료를 구하기도 용이했다. 또한 정부로부터 관련 분야의 대규모 연구를 위탁받는 특혜도 받

---

247 이강식, 앞의 글, 180–188쪽.
248 동아일보 1974.6.15 엇갈린 평가교수단에의 평가.

았다.[249] 교통비('차마비')며, 특별상여금 같은 금전적 혜택도 있었다. 교수가 고위관료나 정치인이 되는 걸 영전으로 생각하던 사회에서 당연히 평가교수단은 출셋길로 여겨졌다.

문제도 많았다. 중앙평가교수단 90명 중 서울대 교수가 1/3을 차지했다.[250] 그리고 평가교수단 활동이 정부시책 전체로 범위를 넓혀갔지만, 가장 중요한 국가안보부문과 중요국가시책을 다룰 수 없었고, 주로 사후평가에 머물렀다. 또 하루 이틀 만에 엄청난 자료를 주고 평가보고서를 작성하게 해 평가 자체를 요식행위로 만든다는 비판도 있었다.

무엇보다 매년 발행되는 평가보고서는 친정부적 성격이 논란이 되었다. 대통령 앞 평가보고 자리에서 유형진 교수는 국민교육헌장과 "5·16혁명"을 극찬하는 평가를 내놓았다. 뿐만 아니라 평가교수들은 유신국회를 찬양하거나 유신과업에 대한 국민의 열정을 촉구해 빈축을 샀다.[251]

평가교수단 이외에도 정권은 1973년 5월부터 「유신정책심의회」를 만들어 교수 7천 명을 적극 활용할 야심찬 계획을 세웠다. 7천명을 조사연구위원으로 위촉하겠다던 원대한 계획에

---

[249] 이강식, 앞의 글 ; 중앙일보 1974.6.15 평가 교수단
[250] 이강식, 앞의 글 ; 중앙일보 1974.6.15 평가 교수단 : 1971년에는 신원확인 된 88명 중 서울대가 34명, 고려대와 연세대, 한양대가 28명이었다. 그리고 1974년에는 90명 중 서울대가 30명, 고려대 11명, 연세대 10명, 한양대 9명을 차지했다.
[251] 동아일보 1974.6.15 엇갈린 평가교수단에의 평가 ; 이강식, 앞의 글 ; 동아일보 1977.4.11 평가교수단의 정책건의 ; 동아일보 1981.2.19 평가교수단.

비해 실제 참가 인원은 초라하기 그지없었지만, 73년부터 유신말기까지 유신정책심의회 활동은 이어졌다.[252] 이런 기회를 통해 정권은 국가정책에 참여하는 교수들을 국가발전에 기여하는 유능한 지식인으로 명성을 쌓게 해 줬다. 그렇기 때문에 '어용'이라는 비판을 받더라도 저명한 교수들이 참여를 꺼리지 않았다.

유신정권은 교수들이 정계로 향하는 안정적인 길도 확보해 주었다. 교수들을 직능대표자로서 '유정회' 소속 국회의원으로 대통령이 추천하였다. 유정회 국회의원이 되고자 하거나 된 교수들은 흔쾌히 유신체제 선동가 역할을 자임했다. 대통령이 밝힌 유정회 국회의원 후보자 선택기준이 "유신이념이 투철한 인사로서 유신이념을 성실히 구현할 수 있고, 국가관이 투철하고 국력배양에 기여할 수 있는 각계각층의 직능대표", "유신정치실현의 의지와 실천력"이었으니[253] 당연했다.

국회의원에게 주어지는 막대한 권한이야 말할 필요도 없고, 세비만도 1979년에 월 150만 8,600원으로 교수월급과 비교할

---

252 경향신문 1973.5.17 위원 61명 위촉 유신정책심의회 중화학 관계 7개조사위 발족 ; 매일경제 1979.6.7 김창식 교수 등 11명 평가교수 추가위촉 ; 유신정책심의회규정(대통령령 제6690호, 1973.5.22 제정).

253 대학교수의 월급에 비교할 바가 아니었다. 1979년 사립대학 의과대학 임상교수가 월 칠십에서 백만 원, 국공립대학 의과대학 임상교수들의 월급이 오육십만 원이었다. : 매일경제 1973.3.6 통일주체 국민회의 선출 국회의원추천 후보 ; 경향신문 1978.12.20 3기 유정의원 추천의 배경 광범 전문지식의정 참여의 기회 ; 동아일보 1979.10.8 국회휴회와 세비.

바가 아니었다.[254] 이렇게 교수사회는 학문적 기여라는 명분으로, 혹은 정치적 참여라는 명분으로 유신체제의 정치권에 점점 가까워지고 있었다.

배제 : 추방당한 말과 앎, 이방인

대학은 앎을 생산하고 교류하는 곳이다. 입말과 글말로 표현된 앎이 자유로이 만들어지고 경합하고 비판받고 정제되고 교류되는 곳, 그럼으로써 인류의 삶을 좀 더 윤택하게 해 주는 지식이 널리 통용되는 곳이다. 앎의 자유로운 생산과 교류를 위한 전당이 대학이다. 대학의 앎은 말로 표현된다. 머릿속의 신성한 앎이나 깨달음이 아니라, 대학에서의 앎은 말로 표현됨으로써 비로소 공공의 것이 된다. 강의와 토론이라는 입말을 통해, 그리고 논문과 책이라는 글말을 통해 앎이 공공의 장으로 출현한다.

대학을 거쳐 나온 말과 글은 오로지 교육과 연구에 선념한 이들이 사색과 실험을 통해 만들어 낸 것이기에 이전에는 상상해 본 적 없는 새로움과 날카로움, 폭넓음과 깊음을 담고 있다. 대학의 앎이, 즉 말과 글이 다양하고 때로 처음에는 모

---

254 동아일보 1979.10.8 국회휴회와 세비 ; 경향신문 1979.1.30 세상 이렇습니다. 이창을 통해 본 직업인의 실상(59) 의사 (7) 임상교수.

호하고 낯설지만 대학과 사회에 노출되어 부단한 논의를 거친 다음 그 앎이 타당성과 적합성을 검증받는다면 대학의 앎은 사회에 새로운 길을 열어 준다. 대학의 지적 자유는 여기에 있다. 대학의 학문적 자유가 대학이 누려야 할 자유의 핵심이다. 다양한 학문 영역을 탐구할 수 있는 자유이며, 모든 권력을 기꺼이 비판하고 대안까지도 공공의 장에 내놓을 수 있는 자유이다. 그런 앎이 말과 글로 세상에 나올 수 있게 보장하는 자유이다.

권력의 말과 대학의 말

유신정권의 말은 매우 명료했다. 국가, 민족, 질서, 반공, 안보, 총력, 조국근대화, 부국강병, 새마을, 국적 있는 교육. 누구에게나 그 뜻이 명확하게 전달될 수 있는 육화된 이념의 말들이었다. 해방, 분단, 가난의 현실에서 정권은 갓 쓰고 양복 입은 서구식 민주주의를 버리고 한국인에게 딱 맞는 "한국적 민주주의"를 하자는 것이 유신이라고 홍보했다. 홍보처럼 유신정권의 말들은 식민지와 분단과 전쟁의 체험 때문에 많은 국민들의 감성에 곧바로 호소하는 이념적 말들이었다. 사회의 불안과 위험을 최대치로 끌어 올려 세상에 드러내고 그렇게 만들어진 긴박한 위기의 정치상황에 적합한 과잉감성의 말들이었다.

이념과잉적인 정권의 말은 공적영역의 말은 배제한 채 곧

바로 사적 욕망의 말들과 결합하여 실행됐다. 민족중흥이라는 이념적 용어와 '잘 살아보세'라는 사적 욕망의 말 사이에, 모든 인간의 인간다운 삶, 자유, 민주, 평등 같은 말들이 들어설 틈이 없었다. 사적 욕망의 말들과 결합한 이념적 말들은 이성적 논의가 필요하지 않았다. 말 그 자체로 대중적 호응을 확보하고, 반대하는 말들은 배제하고, 국가의 집행을 호출하는 권력적 명령이었다. '잘 살아보세'와 '하면 된다'는 정권의 구호가 내포하듯이, 조건과 현실을 반성하지 않고 몸으로 행동하는 전사(戰士)같은 삶의 자세를 요구하는 말들이었다.

말 속에 담긴 명령과 배제는 사람들에게 이성적 사고를 억압하도록 강압했다. 유신시대에 정권은 적극적으로 사람들의 사고와 논의를 금지했다. 유신헌법에 대한 논의를 금지했고, 심지어는 유신헌법을 반대한다면 출판물 간행과 언론 배포도 금지했다. 술자리 불평마저도 처벌했다. '막걸리보안법'은 그렇게 만들어졌다. 특히 긴급조치 9호는 유신헌법에 반대하는 모든 말과 글, 행동을 막아 민주주의의 역사를 거세하고자 했다. 사회비판적인 말들은 '유언비어'요 '날조'로 왜곡하고 불법으로 몰아 추방했다. 말하는 주체들이 구속되거나 처벌받지 않으려면 말보다 먼저 앎을 추구하는 이성적 태도를 철저히 억제해야 했다. 비이성 혹은 반지성이 사회에 만연하도록 만드는 것, 이것이 유신정권의 사회통치방식이었다.

문제는 정권의 말들이 대학까지 장악했다는 사실이었다.

유신시기 대학을 지배하는 말들, 즉 앎은 권력이 설정한 앎의 범주에서만 허용되는 권력종속적인 앎이었다. 대학에까지 침투한 반공, 안보, 총력, 조국근대화, 국적 있는 교육, 기술입국은 '면학'의 범위이며 학풍쇄신의 방향이고 연구의 목표였다. 교육 분야에서는 '유신교육', '유신교육이론'이 출간되고 '유신교육체제 확립'이니 '대학유신'이니 하는 말들로 유신정권과 유신시대의 교육을 정당화했다. 그리고 경제개발과 이공계 중심의 실용적인 분야가 전문분야로 대학 내에 자리 잡고 난 뒤 이공계통에서는 전문가들이 말을 독점했다. 이 말들을 검토하고 성찰하는 행위가 대학 안에서도 불가능했다.

저임금 장시간 노동사회에서 '노동'과 '민중'처럼 새로운 사회지평을 열고자 하는 말들은 대학사회에서 '민중적 지식인'[255]들과 함께 쫓겨났다. 노동자와 민중을 위한 말은 설 곳이 없었다. 대학에서도 노동자, 민중, 분배와 정의, 민주주의, 헌법 같은 말들은 단호하게 추방됐다. 또한 반공과 멸공을 거스르는 통일논의도 대학에서 금지되었다. 이런 말들이야말로 "빨갱이" 신분증이었다. 시대와 불화하는 앎은 대학 안에서 내몰리고 있었다.

그렇게 유신시대의 대학 강의실과 연구실에는 편향된 말과 앎이 번성하고, 사회비판적이고 생성적인 앎이 자라지 못하는

---

[255] 서은주, 지식인 담론의 지형과 '비판적 지성'의 거처, 민족문학사연구 54, 2014, 503-533쪽.

기형적 전당이 되었다. 민족중흥과 근대화 따위의 기름진 말과 앎이 번성하고, 탐구와 비판의 자유가 불허되는 기름진 지적 폐허였다. 정권은 사회비판적이고 생성적인 대학의 말과 앎에 대한 자유를 보장하기는커녕 한 술 더 떠 법적으로 불법의 말과 앎으로 만들어 버렸다. 정권은 말과 앎의 위력을 누구보다 잘 알았고, 다양한 말과 앎들이 자유롭게 돌아다니지 못하게 위법적인 조치들로 봉쇄했다.

하지만 모든 정의로운 말과 글, 앎이 대학을 완전히 떠나지는 않았다. '강의실과 연구실의 밖, 대학의 안'에서 은밀히 몸을 낮춘 채 새로운 말과 글이 자라고 있었다. 앎이 절박한 현실과 간절한 소망을 만나면서 '강의실과 연구실의 밖, 대학의 안'은 자연스레 은밀한 공적 영역이 되었고, 그 곳에서 대학의 말은 더욱 날카로워지고 세분화 되었다.

추방당했거나 추방의 위기 속에서도 교수들은 근대화 속에 내포된 권리와 민주주의, 재분배를 어떻게 인식해야 하는지 앎을 전개시켜 나갔다. 그리고 새로운 국제질서와 사회구성체 논쟁, 민중의 주체성, 인간소외와 불평등 문제, 자본재생산방식 등에 관한 새로운 앎을 말과 글로 전하고 있었다.[256] 유신 정권과는 다른 새로운 세계로 안내하는 앎이었다. 학생들은 집회와 시위를 통해, 선언문을 통해 반유신, 자유와 민주주의,

---

[256] 이상록, 1960~70년대 비판적 지식인들의 근대화 인식 역사문제연구 18, 2007, 215–251쪽 ; 동아일보 1979.12.11 캠퍼스 떠난 교수 그동안 어디서.

민중, 통일 등을 절박한 현실의 말과 글로 만들어 공공의 영역으로 끌어 올렸다.

대학 안팎에서 사회를 읽는 새로운 말과 글들이 자라고 은밀히 소통되었다. 그 말과 글들이 학내에 진주한 군대를 물러칠 수도 없고, 유신정권의 독재를 직접 무너뜨리지도 못했지만,[257] 대학인들은 계속 말과 글을 쏟아냈다. 그 말과 글들은 정권의 정당성을 물었고, 시민들이 무엇을 해야 할지 고민하게 했다. 그 말과 글들은 정권이 고사시킨 공적인 영역을 되살리는 씨앗이었다.

말을 불허하는 시대에 소수의 글말을 죽여 다수의 생생한 현장 말을 살린 기발한 시위도 있었다. 연세대에서 학생들이 1977년 4·19혁명을 맞이하여 백지시위를 한 것이다. 백지 성명서를 내고, 학생들은 누구나 각자 읽고 싶은 대로 읽었다. 경찰이 성명서를 아무리 뒤적이고 햇빛에 비춰 봐도 나오는 글자 하나 없었다.[258] 국민들이 침묵한다고 할 말이 없지 않듯이, 글자가 안 보인다고 널리 알려야 할 말과 글이 없지 않았던 시대였다. 침묵 속에 들끓는 말과 글이 있었다. 청년들의 가슴 속에는 인간과 사회에 대한 물음과 답들이 들끓는 함성의 시대였다. 말과 글이 행동이 되는 시대였다.

---

257 서경식, 기억의 학살자들, 한겨레신문 2017.8.11.
258 강준만, 한국현대사산책 1970년대편 3, 인물과사상사, 2009, 96쪽.

대학에서 추방된 이들

유신정권은 대학 안에서 사회비판적 앎을 갖고 실천하는 이들을 학생도, 교수도 아닌 이방인 취급하여 추방했다. 이런 일이야 유신 이전부터 지속되었지만, 유신시대에 더욱 노골적이고 전면적이었다. 1971년 10월 15일 학원질서 확립을 위한 특별명령과 위수령이 그 신호탄이었다. 이 날 대통령은 특명사항으로 대학에서 배제해야 할 학생들을 명시했다.

1. 학원 질서를 파괴하는 모든 주모 학생을 학원에서 추방하라.
2. 앞으로 학생들의 여하한 불법적 데모, 성토, 농성, 등교 거부 및 수강 방해 등 난동 행위는 일체 용납할 수 없다. 이러한 행동을 주도한 학생은 전원 학원에서 제적케 하라.
3. 제적된 자에 대하여는 즉일부터 학생 신분상의 모든 특권을 부인하라.(*이하 생략)

한 번 제적당한 학생들이 다시 학교에 적을 둘 수 없도록 엄격히 제재하라는 청와대의 강경한 지시에 따라 대학들은 이후 제명조치[259]를 휘둘렀다. 유신헌법 발표 이후 국내외의

---

[259] 학교에서 적을 없애는 제적과 달리, 제명은 아예 입학한 사실조차도 지워 다시 복교한다든가 다른 학교에 편입하는 것을 막는 방법이다.

비판 여론 때문에 1973년 3월에 대통령 특별지시로 제적생들을 복교시킨 적 있지만,[260] 이후로는 더 이상 어떤 학생들도 복교시키지 못하도록 정권이 적극 막았다. 민청학련 사건 관련자 등 많은 반유신 시위 및 조직 가담학생들은 학교에서 제적 혹은 제명을 낭하고 유신이 끝날 때까지 복교가 불가능했다. 제적생들은 유신의 '방랑아'로 살아야 했다.

추방의 대상은 자이니치 유학생이라고 예외가 아니었다. 남파간첩이 점차 줄면서 남한 내부에서 간첩을 생산해내던 1970년대에 남과 북의 경계인이자 한국과 일본의 경계인이었던 자이니치 유학생들은 중앙정보부의 훌륭한 표적이었다.[261] 그들은 쉽사리 학교 내 이방인으로 판명되고 쫓겨났다.

정권 입장에서 봤을 때 대학에서 추방해야 할 또 다른 대상은 사회비판적인 교수들이었다. 각 분야의 전문가로서 교수들이 쏟아내는 말과 글들은 대학생들과 사회에 미치는 파급

---

[260] 김병년, 프레이저 보고서 : 악당들의 시대, 레드북, 2014 ; 제86회 제3차 문교공보위원회 회의록 1973.5.31 ; 동아일보 1973.3.20 대통령지시로 데모 제적학생 구제.

[261] 자이니치 유학생들은 한국의 반공사상과 억압적 사회분위기에 그다지 익숙하지 않았다. 유학생들은 사상적으로 한국인보다 자유로웠고 어릴 때부터 북한에 적대적이지 않아서 기회가 되면 북한방문에도 거리낌이 없었다. 정권 입장에서 볼 때 유학생들의 사상은 상당히 불온했다. 이런 이유로 정보기관의 표적이 되어 1971년 서울대를 다니던 서승, 서준식 형제를 포함한 이른바 재일교포 유학생 간첩단 사건이 터졌다. 1975년 11월에도 중앙정보부는 대규모 재일교포 유학생 간첩단 사건을 터뜨렸다. 당시 재일교포 유학생의 10% 가량이 간첩혐의로 연행됐고, 거의 대부분이 조사 받았을 것이라 추정되는 상황에서 유학생들에게 고국은 자신들을 간첩으로 조작하는 공포의 공간이었다. : 김동춘, 앞의 글 ; 한홍구(2014), 앞의 책 ; 한홍구, 역사와 책임, 한겨레출판, 2015, 197쪽.

력이 컸다. 내용에 관한 논박 자체로는 논리로 무장한 지식인 교수들을 이길 방법이 없었다.

때문에 문제적 교수들을 대학에서 추방하는 방법은 두 가지였다. 하나는 '국론분열'을 초래하는 이른바 '정치교수'를 추방하는 방법이고, 또 하나는 교수의 질을 심사하는 방법이었다. '정치교수'을 추방하면 아무래도 사회적 저항이야 있겠지만, 그들이 미칠 영향력을 생각하면 선별 추방하는 편이 더 나은 선택이었다.[262] 어차피 이런 교수들은 전체 교수에 비해 소수였기 때문에 잠시 시끄러워도 곧 잠잠해지리라 판단했다.

교수를 추방할 더 좋은 홍보성 명분은 교수의 질 심사였다. 동료 교수가 보더라도 무능한 교수들을 자르던 칼로 사회비판적인 교수도 슬쩍 잘라버리는 방법이었다. 교수능력을 심사해서 통과한 사람만 교수로 재임용한다는 교수재임용제도[263]는 바로 그 양날의 칼이었다.

긴급조치 9호가 발동되고 곧이어 고려대 교수출신으로 유정회 국회의원이 된 오주환, 그리고 부산대와 영남대 총장을 지내고 공화당 의원이 된 신기석이 교수재임용제를 발의했다.

---

[262] 1974년 긴급조치 위반 및 민청학련 사건, 1975년 제적생 복교문제와 관련된 교수퇴임 압력, 1978년 '교육지표' 사건으로 교수들이 해직되거나 징계를 받았다. 김동길, 김병걸, 김찬국, 문동환, 백낙청, 서남동, 송기숙, 안병무, 이계준, 이문영, 이우정 등은 모두 정치적 이유로 퇴직 당했다. : 동아일보 1979.12.11 캠퍼스 떠난 교수들 그동안 어디서 무엇을.

[263] 교육법 [1975.7.23 시행] [법률 제2773호, 1975.7.23 일부개정] : 임용기간을 교수 및 부교수 6–10년, 조교수 및 전임강사 2–3년, 조교 1년 범위 안에서 대학이 자율로 정하도록 하고, 1976년 2월 말까지 전체 교수를 일괄 심사 완료하여 재임용한다고 규정하였다.

두 의원은 대학의 질적 저하와 노화현상을 막고 면학기풍을
살리기 위해 교수재임용이 꼭 필요하다고 역설했다. "연구는
인 하고 '노트」 한 권만" 들고 "10년 20년 울궈 먹는 실력 없
는 교수"들을 정리하는 법이었다.[264]

　이 법안을 심의할 때부터 여야 국회의원들 사이에 충돌이
있었다.[265] 논쟁점은 교수재임용제 오남용 가능성이었다. 그
러나 독재정권 아래서 결국 법안은 통과되었다. 유기춘 문교
부 장관은 오용하지 않도록 적절히 조치를 취하겠다고 발표
했지만 실제로는 그렇게 하지 않았다. 1976년 2월 말 각 대학
에서 교수재임용을 결정하기 전에 관계기관에서 '정치교수'
삼사십 명의 명단을 대학들에 통보하였고, 대학들은 해당 교
수들에게 집요하게 사표를 종용했다.[266] 종용에 못 이겨 사표
를 낸 교수도 있고, 사표를 끝내 거부하는 교수들에게는 학교
가 심사표를 들이대 해직시켰다.[267]

---

[264] 제93회 제1차 문교공보위원회 회의록 1975.7.4.

[265] 제93회 제1차 문교공보위원회 회의록 1975.7.4.

[266] 경향신문 1980.4.16 교육안테나 찬반 엇갈린 교수재임용제, "폐지"보다는 "개선" 바람
직 ; 경향신문 1975.7.4 국정의 방향.

[267] 대체로 재임용심사표는 학술 연구 능력, 학생 지도 능력 등을 심사기준으로 삼았지만, 국공
립대학들의 심사표는 노골적인 '정치적 해고 리스트'였다. 대학에 따라서 새마을 강연이나
안보 강연을 나갔는지, 평가교수단이나 중앙자문위원을 했는지도 평가항목에 포함됐다. 전
남대는 "교원으로서 투철한 국가관을 가지고 학원사태의 예방수습 및 그 밖의 학생선도에
공이 큰 자"에게 학생지도 최상위 점수인 A, "학생을 오도할 수 있는 언행을 하여 물의를
일으킨 자 또는 당국이 문제학생임을 통지했음에도 지도에 미온적이어서 학칙위반 행위를
자행함으로써 서면으로 책임을 진 사례가 있는 자"는 최하위 점수인 E를 주도록 했다. : 동
아일보 1976.4.26 일부선 1항목 '불량'에도 탈락.

1976년 2월 28일로 국공사립대학 전임강사 이상 교수 416명, 국공립대학 조교 44명을 포함 총 460명이 재임용에서 배제되었다. 교수 중 심사탈락자가 181명, 사표제출이 235명이었다.[268] 이 일에 관해 보안기구 내부에서는 재임용제도가 "교수들의 국가관, 교육관 확립으로 교육자상 정립에 기여"했고, "평소 불평불만 습성이 있거나 현실비판성향 등으로 학생들을 배후에서 선동하는 이른바 정치교수들이 탈락됨에 따라서 학원안정에 기여하고 있다."고 평가했다.[269]

"공부 안 하는 대학생"과 빨갱이 이미지를 결합하여 데모하는 대학생들을 비(非)학생으로 만들고, 해직하고 싶은 '정치교수'들은 "교육과 연구를 제대로 못하는 교수" 이미지와 결부시켜 비(非)교수로 만들었다. 대학에 있으되 이방인이었고 결국은 추방당한 '방랑아'들이었다. 자유로이 앎을 추구하고, 말과 글로 앎을 소통하는 대학의 주체들 중 일부는 그렇게 제적당하고 해직 당했다. 대학 안에서 자라나는 다양하고 새로운 앎을 고사시키는 방법이었다.

---

[268] 동아일보 1976.3.8 사대(私大) 재임용 제외교수 248명 ; 동아일보 1976.3.23 교수재임용 20개항목 평점 서울대, 경북대가 탈락 가장 많아 ; 동아일보 1979.12.11 해직교수 4백30명 선 ; 안재구, 끝나지 않은 길, 내일을 여는 책, 2013 : 이 때 교단을 떠난 교수가 김용준, 김윤수, 김윤환, 남정길, 노명식, 성래운, 안재구, 염무웅, 한완상 등이었다.

[269] 진실·화해를 위한 과거사정리위원회(2009a), 같은 책, 560쪽.

5. 유신의 종말, 대학의 길

유신의 종말

유신은 치명적 순간에 내부에서 저격당했다. 그러나 내부의 방아쇠가 당겨지기 전, 유신정권의 육성산업이었던 중화학공업 분야가 2차 오일쇼크와 편향적인 과잉투자로 난관에 부딪혔고, 정권도 불평등한 노동정책과 긴급조치 남발로 노동자들과 민주화세력들과 갈등을 빚고 있었다. 저항이 심할수록 정권은 더욱 강경한 탄압을 선택했다.

그럼에도 유신체제 내내 유신을 흔든 비장한 지성들이 대학 안에 있었다. 1970년대는 대학이 정부주도로 체제를 개혁하고 있었고 대학체제 안에 있다면 대학인들은 개인적 안위를 보장받을 수 있었던 시대였다. 그러나 반공의 깃발을 들고 경제성장을 향해 고속으로 달려가는 독재정권의 대학 열차에서 뛰어내려 열차의 방향과 속도를 바꾸려는 지성들이 있었다. 이들은 지속적으로 유신체제를 흔들었다.

가장 중요한 세력은 대학생이었다. 유신헌법 실시 이후 유신반대를 외친 첫 아성도 대학에서 터져 나왔고, 마지막까지 유신반대를 위해 길거리에 나선 이들도 대학생들이었다. 대학생들은 사회엘리트로 상대적으로 주목받는 집단이었다. 이들은 진리를 추구한다는 자부심과 패기, 긴급조치 아래서도 포기할 수 없는 자유와 낭만에 대한 열망, 그리고 전태일의 친구를 자청하며 불평등과 노동 문제를 공론화 하는 사회의식을 갖고 다양한 수위에서 유신체제에 질긴 싸움을 걸었다. 그래서 정권은 유신체제를 구축할 때, 대학생들을 가장 먼저 경계했다. 박정희 정권은 학생들의 시위를 발본색원하지 못하면 대학이 "대남 정치공작의 거점으로 전락"하여 "불순세력의 온상"이 될 것이라고 홍보하고 있었다.[270]

유신 선포를 향해 종종걸음을 치던 1971년, 박정희 정권은 위수령 발동 당시 대학에 무기한 휴업령을 내렸다. 1972년 10월 17일 유신 발표 때도 비상계엄선포와 함께 전국 대학들에 휴교령을 내린 다음, 12월 1일에야 휴교를 해제했다.[271] 그 사이 11월 21일 유신헌법안 찬반 국민투표를 실시해 유신헌법을 통과시켰다. 1974년 긴급조치 4호 발동 때는 긴급조치 위

---

[270] 박정희 담화문 : 학원 질서 회복에 즈음한 담화문. 1971.10.30.

[271] 「대학교 휴교조치 해제에 즈음하여」, 1972년 11월 28일 계엄사령관 육군대장 노재현, 관보 1972.11.28 ; 경향신문 1972.11.29 민 문교 전국대학 1일 개학.

반자가 있는 대학을 문교부 장관이 폐교할 수 있도록 했고, 1975년 긴급조치 7호와 9호를 발표할 때 역시 대학들은 '정치 방학' 중이었다. 1975년 4월 고려대를 겨냥한 긴급조치 7호 발동 후 23개 대학들이 휴업했고, 5월이 되어서야 대학들이 휴업령을 해제하기 시작하였거나 아직 휴업 중인 상태에서 긴급조치 9호가 선포되었다. 자유를 갈망하는 대학생들을 긴급조치의 그물 속에 가둬놓고자 했던 것이다.

그러나 대학생들은 유신헌법에도 긴급조치에도 갇히지 않았다. 유신헌법이 통과되고 1973년 10월 서울대 학생들의 유신반대 투쟁 이후 전국 대학에서 유신반대 집회가 들끓었다.[272] 사회에서도 12월에 민주인사들이 유신헌법 철폐를 위한 개헌청원운동을 전개했고 이듬해 초까지 사회와 대학생들의 시위가 가라앉지 않자, 1974년 1월 8일 긴급조치 1호와 2호를 발동하였다.

긴급조치에도 아랑곳하지 않고 대학생들이 전국적으로 유신반대 시위를 하자 중앙정보부는 1974년 이른바 "민청학련" 사건을 터트렸고, 민청학련 사건을 "인혁당재건위" 사건과 엮었다. 인혁당재건위는 간첩단 사건으로 조작했다. 동시에 1974년 4월 3일 긴급조치 4호를 선포하여 학생들이 '학내외에서 집단행위를 할 경우' 5년 이상 최고 사형까지 선고할 수

---

[272] 민주화운동기념사업회 연구소 편, 한국민주화운동사연표, 민주화운동기념사업회, 2006, 248쪽.

있도록 했다.

이 사건으로 그 해 7월 1심에서 민청학련 관련자 중 7명이 사형, 7명이 무기징역, 12명이 징역 20년 자격정지 15년, 6명이 징역 15년 자격정지 15년 형을 선고받았다.[273] 동료들에게 내려진 무거운 형량에 수많은 대학생들은 구속학생 석방과 유신반대를 외쳤다. 긴급조치 4호처럼, 긴급조치 7호와 9호까지도 유신반대를 금지하는 조치이면서 구체적으로는 대학생들을 겨냥하는 조치였다. 그 중 긴급조치의 종합완결판인 9호 발동 이후 대학에서 대규모 집회는 어려웠지만 유신반대 시위는 질기게 지속되었다.[274] 그리고 1979년 10월, 유신의 종말을 알리는 총탄소리보다 먼저 부산대를 비롯한 지역대학생들이 촉발한 부마항쟁의 함성이 마침내 유신을 종말로 이끌었다.

대학생만 저항한 것은 아니었다. 문교부와 대학들 사이에서도, 대학 내부에서도 갈등과 저항이 있었다. 대체로 대학들은 문교부의 교육정책을 수용했지만, 고등교육개혁을 실시하는 과정에 반발한 사례들도 드물게 있었다. 정권과 대학 사이에 가장 큰 갈등의 소지는 학생징계와 학사운영 문제였다. 1975년 1학기에는 문교부와 대학의 갈등으로 고려대, 서울대, 연세대, 한신대의 총장들과 학장이 줄줄이 물러나야 했다.

학생데모가 심했던 고려대 김상협 총장과 서울대 한심석

---

[273] 매일경제 1974.7.13 비상군법회의 민청학련 선고 주모자급 7명 사형.
[274] 민주화운동기념사업회 엮음, 한국민주화운동사 2 유신체제기, 돌베개, 2009.

총장이 외압에 의해 사임할 수밖에 없었다. 그리고 1975년 2월 15일 사면조치로 석방된 학생들을 복교시키는 문제를 두고 연세대와 한신대는 문교부와 심하게 갈등했다. 학생들을 복교시키려고 하는 두 대학에 대해 정권은 총장과 학장 사퇴 강요, 재정 감사, 휴입조치, 학생징계요구 따위의 온갖 졸렬한 수법을 다 동원해 학생들의 복교를 막으려고 압박했다.[275] 이 일로 4월에 연세대 박대선 총장이 사퇴했고, 학교 명운을 걸고 문교부에 저항했던 한신대의 학장 김정준도 6월에 결국 학장직에서 물러났다.

유신 선포 이전부터 대학자율은 대학사회 내에 화두였다. 1971년 8월 서울대를 비롯하여 전국의 대학교수들이 학사운영과 학술의 자유를 주장하는 대학자주화선언을 했다.[276] 그럼에도 1971년 10월 위수령 발동으로 대학의 자유가 더욱 위축되자 연세대 박대선 총장은 학원의 자율과 자유를 침해해

275 한신대학교 기록정보관,『너와 나, 함께 가는 세상- 한신대학교 개교 70주년기념 민주화운동자료집』, 한신대학교 기록정보관, 2010, 266~327쪽(문교부 발신, 한신대학교장 수신, 위법부당한 학사관리시정지시, 1975.3.27 ; 한국신학대학장 김정준 발신, 문교부장관 수신, 석방학생복학조치에 관한여 등) ; 경향신문 1975.2.19 연세, 고려, 한신대선 구제방침 ; 동아일보 1975.5.7 춘면 한 달, 시련의 대학가 ; 동아일보 1975.5.7 학원사태 일지 ; 경향신문 1975.12.29 메모 우울했던 연초-슬기로 연말 마무리 ; 동아일보 1979.12.8 긴급조치 9호 1669일 9시간 일지).
276 동아일보 1971.8.19 대학의 자율, 처우개선 요구 ; 동아일보 1971.8.21「대학자율」입법화 요구 ; 동아일보 1971.9.1 대학의 자주화운동(2) 자율요구 ; 동아일보 1071.9.7 대학의 자주화운동(5) 제도적 보장 ; 민주화운동기념사업회 연구소 편, 한국민주화운동사연표, 민주화운동기념사업회, 2006, 217~219쪽.

서는 안 되며 사상과 표현의 자유는 국민의 기본권으로 오히려 더 신장되어야 한다는 담화문을 발표하며 대학의 자유를 옹호했다.[277] 성내운 교수 역시 대학개혁을 위한 국제세미나에서 학생처의 역할을 학생복지 사업에만 국한하고 대학은 운영의 자치를 확보해야 한다고 주장했다.[278] 유신시기에 들어서는 간혹 대학들이 문교부의 일방적인 학칙개정지시와 학생징계지시에 반발하는 소동은 있었어도, 유신체제의 막강한 힘 앞에서 대학의 자유는 얼어붙었다.

1973년부터 오랫동안 움츠렸던 교수들이 정권의 '교육지표'에 정면으로 도전하는 사건이 발생한 때는 1978년, 전남대 송기숙 교수를 포함한 11명의 교수들이 '우리의 교육지표'를 선언한 때이다. 1968년 이래 대한민국의 '교육지표'로 공포된 국민교육헌장에 대항하여 자주적으로 교육지표를 설정하려던 교육자들의 시도였다. 일본의 「교육칙어」마저 참조했던 국민교육헌장[279]에 '우리의 교육지표'를 맡길 수는 없었다. 이 사건을 일으킨 교수들은 민주주의를 무시한 민족중흥이데올로기의 위험성을 고발하고, 진실을 가르치고 배울 수 있는 자유와 민주주의에 기반 한 교육을 강조하였다.[280] '우리의 교육

---

277 동아일보 1974.11.21 「현 사태에 즈음하여」 박대선 연세대총장담화.
278 성내운, 대학사회와 학생생활, 우리나라의 고등교육개혁안, 국회도서관 입법조사국, 1973, 290~296쪽.
279 문교부, 국민교육헌장(가칭), 1968.8.2 국무회의 보고안건 729호의 별첨
280 우리의 교육지표, 민주화운동아카이브(http://db.kdemocracy.or.kr).

지표' 사건은 대학의 진리 추구에 대한 고민을 던져주었다.

대학의 길

박정희 정부는 해방 후 허술한 대학들을 체계적으로 제도
화하고 개혁을 주도했다. 하지만 대학을 정권의 정책에 이바
지해야하는 도구적 기구로만 보는 정치적 인식이 근본적인
문제였다. 대학을 통제대상으로 삼았던 지배방식도 대학생들
의 반발을 초래할 수밖에 없었다. 권력으로 인간을 개조하겠
다던 쿠데타 세력의 꿈은 유신독재로도 결코 달성하지 못할
반인간적인 몽상이었던 셈이다.

대한민국의 대학은 해방과 전쟁, 분단을 거치면서도 눈부
신 압축성장을 했다. 오늘날 한국대학에 대한 비판의 목소리
가 워낙 높아서 자칫 망각하기 쉬운 사실은 한국의 대학들이
급성장했다는 점이다. 해방 후 오직 높은 교육열에 기대어 성
장하던 때를 넘어 1970년대에 대학은 고등교육기관으로서 체
계를 갖추기 시작했고 성장의 토대를 마련했다.

유신정권은 산업화정책에 발맞춰 이공계 중심의 대학확대,
대학특성화, 그리고 실험대학을 국가주도적으로 추진했다. 국
가의 설계에 따라 교육과 연구 환경도 비로소 출발선에 서게
되었다. 비록 학생증원에 의지한 지역대학 육성은 지역대학
부실화를 초래하는 육성의 역설을 낳았지만, 지역대학들은 빠
르게 성장했다. 지역대학들은 칠십 년대의 토대 위에서 팔십

년대 전성기를 보냈다. 고등교육체제를 견고하게 제도화한 시기가 바로 유신시대였다.

그럼에도 유신정권은 지극히 독재적인 방식으로 대학에 개입했다. 긴급조치 9호 발동 이후로 독재적인 대학개입이 한층 더 강경해져 대학 안에서는 자유와 민주주의가 불가능해졌다. 이러한 대학의 체제와 운영방식은 유신정권의 선택이었다.

유신의 종말과 함께 실험대학도, 대학특성화 정책도, 평가교수단도 막을 내렸다. 신군부는 1980년 7.30 교육개혁을 발표하고, 1981년에 전국 87개 대학에 대한 대학운영종합평가를 실시했다.[281]

그렇다고 유신의 끝이 고등교육의 새로운 시작은 아니었다. 근본적으로 신군부는 유신정권의 계승자였다. 당연히 고등교육정책도 계승했다. 전두환 정권은 1980년대 중반까지도 학도호국단체제를 유지하고, 교련수업을 통한 반공교육 강화 정책을 이어갔다. 대학보편화정책 중 하나로 유신정권이 계획했었던 졸업정원제도 1981년부터 시행했다. 졸업정원제는 비상한 교육열에 부응하면서, 데모하는 대학생들을 자발적으로 강의실에 앉힐 수 있는 더 없이 좋은 교육적 방안이었다.[282] 유신의 강력한 힘이 신군부 시절 대학에 고스란히 온존하고 있었

---

281 경향신문 1981.2.10 문교부 전국 87개 대학운영평가.
282 김낙운, 7·30 교육개혁에 대한 소고, 『한국교육정책개발사(1975~1984)』, 예지각, 1991, 530~532쪽.

다. 그래서 신군부 역시 학생들의 끊이지 않는 군사정권 반대 시위에 직면해야 했고, 결국은 1987년 민주화항쟁을 맞았다.

유신이 그늘이 대학에서 완전히 사라졌는가. 오랜 군사정권을 지나면서 대학들이 확실히 배운 교훈 하나는 집권세력의 부당한 개입은 대학이 교육과 연구를 근본적으로 방해한다는 점이었다. 정치권력으로부터의 대학 자유가 우리 사회의 화두가 된 이유이다.

현재는 대학에 가해지는 압력의 주체도 성격도 변했다. 1995년 5·31 교육개혁과 1997년 IMF사태 이후 대학사회는 자본과 평가의 힘 앞에서 급격한 변화를 겪어왔다. 자본의 막강한 힘이 대학사회 안에도 거침없이 밀려 들어와 교육과 연구의 방향과 내용에 영향을 미치고 있다. 평가가 재정지원과 결합하면서 국가의 평가 권력도 막강해졌다. '평가적 국가'는 다른 어떤 영역보다 대학 사회에서 막강한 힘을 발휘하고 있다. 국가의 평가 기준에 따라 대학들이 변신해야 더 많은 재정지원을 받을 수 있었다. 그러면서도 평가는 빈익빈부익부를 낳아 지역대학과 기초학문들을 점점 더 곤경에 처하게 했다. 국가만 아니라 국내 언론, 해외기관들마저 대학 평가를 실시했고 대학들은 모든 평가에 민감하게 반응해 왔다. 평가의 권력 아래 대학들이 스스로 굴복해 왔다.

그렇다고 대학들의 무책임한 행정과 사익추구가 허용된다는 말은 아니다. 이 또한 사회와 대학내부에서 저항에 부딪혀기 마련이다. 국가와 사회의 막대한 자금을 지원받고 절대 다수 학생들이 진학하는 대학은 공공기구로서 사회적 책임을 기꺼이 져야 한다.

대학이 져야 할 공적 책임들 중 가장 중요한 것은 교육과 연구이다. 그것이 또한 대학의 존재이유이다. 교육과 연구를 위한 대학의 자유, 즉 지적 자유가 대학의 책임과 대학의 자유가 만나는 지점이다. 유신시대처럼 국가를 위한 대학, 그것도 정권으로 치환된 국가를 위한 대학이 되어서는 안 된다. 세계화시대에 국가주의에 매몰된 대학은 대학의 앎을 협소화시키고 경직시킬 것이다. 산업화시대처럼 국가가 주도하는 교육과 연구에 머물러도 괜찮은 시대가 아니다.

대학들은 국내에서, 국가들 사이에서, 그리고 계층 간에서, 사회적 약자와 강자 사이에서 적극적으로 넘나들며 교육과 연구의 넓은 토양을 닦아야 한다. 대학이 캠퍼스 높은 담장 안에서 그들만의 언어를 생성하고 수호하는 탈사회화 된 기구여서는 안 된다. 공공성을 지향하는 자유로운 지식인들의 연합체가 대학이다. 학문예찬만 늘어놓는 폐쇄적이고 퇴행적 대학권력 대신에 당대의 사회적 문제에 눈 감지 않되 미래를 향한 낯 설은 앎을 생성해낼 수 있는 대학이어야 한다.

유신시대를 거치며 우리 대학은 앎의 사회적 영역을 발굴해낸 역사가 있다. 대학생들과 교수들의 저항은 앎의 세계를 군부로부터 독립시켜 인간존엄의 가치, 민주와 평등의 가치를 사회공공적 영역으로 끌어내고 구축할 수 있었다. 유신시대에 때로 대학에서 추방당하고 목숨까지 잃으면서도 대학인들이 지켜낸 비판정신을 이제는 모든 대학생들이 자유롭게 경험할 수 있어야 한다. 비판을 통한 생성을 학습하도록 대학은 대학인들에게 울티리가 되어야 한다. 과학기술이든 인문사회과학이든 새로운 앎으로 도전할 수 있는 지적 자유가 대학 안에서 보장받을 수 있어야 한다.

더 이상 대학은 엘리트 교육기구가 아니다. 이 지점에서 대학의 새로운 길을 모색해야 한다. 박정희 시대를 통해 '인간은 생산적이어야 한다.'는 도구적 인간관을 모든 국민들이 내면화해 왔다. 생산적 인간은 경쟁을 통해 국가발전에 기여하는 인간이었다. 개인 또는 가족 차원에서 생산적 인간은 입신출세하는 인간이었다. 입신출세하는 인간과 애국애족하는 인간은 동일한 선상에서 있었다. 그렇지 않은 인간들은 비생산적 인간으로 내몰았다. 그들에게는 사회인으로서의 공적 기회가 박탈되었다. 때문에 사람들은 생산능력에 따라 사람들을 위계화하고, 평가를 통해 생산적 능력을 입증하고 그에 따른 불평등한 대우를 당연시하는 삶을 살았다.

해방 이후 지금껏 한국의 대학은 바로 한 개인의 생산능력을 입증하는 관문이었다. 어떤 관문을 넘느냐에 따라 생산적 인간으로 사느냐 비생산적 인간으로 사느냐가 결정됐다. 지금껏 대학은 학생들을 선별하고 위계화 하는 역할에 치중했고 그로 인해 명성을 얻었다면, 대학의 역할은 이제 달라져야 한다. 대학의 학생들을 장차 공적 인간으로 살아갈 수 있도록 교육하고, 연구자들은 인류보편의 가치에 기여하는 연구를 선도하는 기구여야 한다.

참고문헌

담화문 등 발표·선언문

「10.17 대통령 특별선언 : 국가 비상사태 선언에 즈음한 특별 담화문」,
1972.10.17.

「서울대학교 졸업식 치사」, 1973.2.26.

「우리의 교육지표」, 민주화운동아카이브(http://db.kdemocracy.or.kr).

「전국대학총·학장 및 교육감회의 유시」, 1967.1.24.

「제1회 전국 대학 교련 실기 대회 유시」 1970.5.23.

「포고 제1호 포고문」, 1972.10.17.

「학원 질서 회복에 즈음한 담화문」, 1971.10.30.

「전국민의 과학화를 위한 전국 교육자대회 치사」, 1973.3.23, 대통령기록관
계엄사령관 육군대장 노재현, 「대학교 휴교조치 해제에 즈음하여」, 관보
1972.11.28.

민관식 문교부장관, 「개회사」, 대학교육 개혁을 위한 지역세미나, 문교부,
1974.5, 3-9쪽.

「송기숙 교수 1심공판 최후진술 요지」, 광주지방법원 1978.8.23.

법령

교육에 관한 임시특례법, 중학교·고등학교 및 대학의 입학에 관한 임시조
    치법.

교육공무원법, 교육법, 교육법시행령, 사립학교법.

유신정책심의회규정, 국공립대학연구보조비 지급규정, 대한민국학도호국단
    규정, 학도호국단설치령, 학도호국단 강령.

회의록 및 보고서

「문교공보위원회 회의록」 해당일자.

「고등교육에 관한 장기종합계획(안)」, 『우리나라의 고등교육개혁안』, 1973.

「국가재건최고회의상임위원회 회의록」 제68호, 1962.9.12.

문교부교육정책심의회 고등교육분과위원회, 「실험대학운영 5개년종합평가
    보고서」, 1978.

「문교행정실태파악을 위한 특별국정감사특별위원회 회의록」 제67회 1-14차.

「유기춘 문교부 장관 취임 제1주년 업적」, 문교부, 1975.

국무총리실 기획조정실·평가교수단, 「제4차 경제개발 5개년 계획 평가보
    고서 제1편 종합부문」, 국무총리기획조정실, 1979.3.

문교부, 국민교육헌장(가칭), 1968.8.2 국무회의 보고안건 729호의 별첨.

윤정일 외, 「고등교육의 기회확대 및 질 관리」, 한국교육개발원, 1979.12.

장기종합교육심의회의안, 「고등교육에 관한 장기종합계획(안)」, 「대학입학
    제도의 개선방안」, 『우리나라의 고등교육개혁안』, 입법참조자료 제
    178호, 국회도서관 입법조사국, 1973.

진실·화해를 위한 과거사정리위원회, 「2009년 상반기 조사보고서」, 2009a.

진실·화해를 위한 과거사정리위원회, 「제24회·제25회 행정고시 면접탈락
    사건」, 『2008 하반기 조사보고서 제4권』, 2009b.

신문

경북대학보, 경향신문, 교수신문, 동아일보, 매일경제신문, 중앙일보, 진안
신문, 프레시안, 한겨레신문, 시사서널.

대학교사

성내개교15주년기념사업분과위원회, 경북대학교 15년지, 1967.

경대30년사 편찬위원회, 경북대학교 30년사, 경북대학교, 1977.

경북대학교 40년사 편찬위원회, 경북대학교 40년사, 경북대학교, 1985.

경북대학교 공과대학 편찬위원회, 경북대학교 공과대학 30년사 1970-2000, 2000.

부산대학교 60년사 편찬위원회, 부산대학교 60년사, 2006.

부산대학교 70년사 편찬위원회, 부산대학교 70년사, 부산대학교, 2016.

서울대학교 60년사 편찬위원회, 서울대학교 60년사, 서울대학교, 2006.

서울대학교 70년사 편찬위원회, 서울대학교 70년사, 서울대학교, 2016.

서울대학교 70년사 편찬위원회, 서울대학교 70년사 부록, 서울대학교, 2016.

전남대학교 60년사 편찬위원회, 전남대학교 60년사, 전남대학교, 2012.

전북대학교 60년사 편찬위원회, 전북대학교 60년사, 전북대학교, 2007.

인터넷 사이트

대통령기록관 http://www.pa.go.kr

민주화운동기념사업회 오픈아카이브 http://db.kdemocracy.or.kr

한국민족문화대백과 사전 http://encykorea.aks.ac.kr

한국역대인물종합정보시스템 http://people.aks.ac.kr

연구

강수택, 박정희 정권 시기의 지식인론 연구, 사회와 역사 59, 2001, 111-144쪽.

강명숙, 1960~70년대 대학과 국가 통제, 한국교육사학 36(1), 2014, 137-159쪽.

강명숙, 해방 이후 대학교육 개혁 논의의 흐름, 한국교육사학 27(2), 2005, 1-22쪽.

강명숙, 해방 이후 고등교육 체제의 성립과 그 특징, 한국교육사회학회 추계 학술대회, 2012, 33-50쪽.

강준만, 한국현대사산책 1960년대편 1, 인물과사상사, 2004.

강준만, 한국현대사산책 1960년대편 2, 인물과사상사, 2009(초판7쇄).

강준만, 한국현대사산책 1970년대편 2, 인물과사상사, 2009(초판13쇄).

강준만, 한국현대사산책 1970년대편 3, 인물과사상사, 2009(초판13쇄).

계철순, 사주 : 내가 지낸 이야기, 중외출판사, 1987.

국정원과거사건진실규명을 통한 발전위원회, 과거와 대화 미래의 성찰 – 학원・간첩편(VI), 국가정보원, 2007.

권문한, 각부 장관채점표 교육부 장관, 한국논단 81, 1996, 100-107쪽.

권보드래・천정환, 1960년을 묻다, 천년의 상상, 2012.

권보드래 외, 1970 박정희 모더니즘, 천년의 상상, 2015.

김건우, 대한민국 설계자들, 느티나무책방, 2017.

김경일 외, 한국현대 생활문화사 1970년대, 창비, 2016.

김근배, 박정희 정부 시기 과학기술을 어떻게 볼 것인가? - 과학대통령 담론을 넘어서, 역사비평 118, 역사비평사, 2017. 봄, 142-168쪽.

김낙운, 7・30 교육개혁에 대한 소고, 한국교육정책개발사(1975-1984), 예지각, 1991, 521-558쪽.

김동춘, '간첩 만들기'의 전쟁정치 : 지배질서로서 유신체제, 민주사회와 정책연구 21, 2012, 146-174쪽.

김병년, 프레이저 보고서 : 악당들의 시대, 레드북, 2014.

김선양, 이기심 깨우쳐야, 매일경제 1972.2.2.

김영화, 한국 산업화 시기의 교육과 경제성장, 교육과학사, 2015.

김정렴, 박정희 대통령 탄생 100주년 ① 내가 본 박정희, 월간조선 2011(1).

김정인, 1960년대 근대화 정책과 대학, 한국근현대사연구 63, 2012, 243-274쪽.

김정인, 대학과 권력, 휴머니스트, 2018.

김정인, 보통교육 ; 식민 권력이 국민 혹은 신민 '만들기', 한림대학교 일본학연구소 제13회 전문가초청간담회, 2011, 1-11쪽.

김종철 외, 「고등교육연구 Ⅰ 한국고등교육의 실태(1945-72)」, 문교부교육정책심의회 고등교육분과위원회, 1973.

김학민, 만들어진 간첩, 서해문집, 2017.

김형관 외, 한국 대학교육의 변천에 관한 연구, 고등교육연구 3(1), 1991, 239-266쪽.

김형아 지음, 신명주 옮김, 박정희의 양날의 칼날, 일조각, 2005.

노천희 엮음, 내님, 불멸의 남자 현승효, 삶이 보이는 창, 2007.

다치바 다카시 지음, 이규원 옮김, 천황과 도쿄대 1, 청어람미디어, 2008.

문상석, 학도호국단의 경험과 기억, 담론 201 15(3), 2012, 29-53쪽.

민관식, 한국교육의 개혁과 진로, 광명출판사, 1975.

민주화운동기념사업회 엮음, 한국민주화운동사 2 유신체제기, 돌베개, 2009.

민주화운동기념사업회 연구소 편, 한국민주화운동사연표, 민주화운동기념사업회, 2006.

백영서, 교육독립론자 차이위안페이 : 중국의 대학과 혁명, 전환의 시대 대학은 무엇인가, 한길사, 2000, 163-185쪽.

빌 레딩스, 윤지관·김영희 옮김, 폐허의 대학, 책과 함께, 2015.

송병순, 2000년을 향한 오늘의 한국 고등교육, 한국교육학회 학술대회 논문집(통권 12호), 1978, 139-158쪽.

서명숙, 영초언니, 문학동네, 2017.

서은주, 지식인 담론의 지형과 '비판적' 지성의 거처, 민족문학사연구 54, 2014, 503-533쪽.

서중석, 서중석의 현대사이야기 8, 오월의 봄, 2017.

성내운, 대학사회와 학생생활, 우리나라의 고등교육개혁안, 국회도서관 입
    법조사국, 1973, 290-296쪽.

신일섭, 1978년 '교육지표 사건'의 역사적 의미, 민주주의와 인권 8(3), 2008,
    12, 125-156쪽.

아마노 이쿠오 지음, 박광현·정종현 옮김, 제국대학, 산처럼, 2018.

안병욱 외, 유신과 반유신, 민주화운동기념사업회, 2005.

안재구, 끝나지 않은 길, 내일을 여는 책, 2013.

여정남기념사업회 경북대학교학생운동사편찬위원회 지음, 청춘 시대를 깨
    우다 – 경북대학교 학생운동사 1946-1979, 삼천리, 2017.

오성철, 박정희의 국가주의 교육론과 경제성장, 역사문제연구 11, 역사비평
    사, 2003.

오천석, 민족중흥과 교육, 현대교육총서출판사, 1963.

오천석, 외로운 성주, 광명, 1975.

오탁번, 감회 유별한 대학여름 방학, 동아일보 1981.7.8.

유기춘, 대학이념과 대학행정 : 대학의 변천과정과 대학전개의 문제점, 세
    대 13(통권 141호), 세대사, 1975.4, 139-146쪽.

유인종, 대학교육개혁의 필요성과 기본 방향, 문교월보 48, 1973.11, 86-96쪽.

유형진, 무국적탈피와 그 방향, 매일경제 1972.12.22 교육혁명<59> 대책(1)
    학교교육의 개선방향.

유형진, 유신교육의 이념, 강원교육 96(특집 유신과업 수행을 위한 학교 교
    육), 1973.6, 15-24쪽.

윤정원, 제2공화국 시기 대구지역 통일운동의 조직과 활동, 사회와 역사
    108, 2015, 189-225쪽.

윤태임, 노교수와 캠퍼스와 학생, 경향신문 1973.10.20.

이강식, 평가교수단을 평가한다, 신동아 77, 1971.1, 180-188쪽.

이광주, 대학의 역사, 살림터, 2013.

이경숙, 모범인간의 탄생과 유통, 한국교육 34(2), 2007, 217-239쪽.

이경숙, 시험국민의 탄생, 푸른역사, 2017.

이경숙, 제국주의 일본의 총력전 교육이론과 비판, 정신문화연구 35(3), 2012, 243-268쪽.

이봉규, 박정희정권기 역사교육학계의 민족주체성 인식과 국사교육 강화, 역사문제연구 37, 2017, 13-53쪽.

이봉학, 특집 도시장기종합개발계획 – 평가교수단 지방도시순회를 마치고 – 반응을 중심으로, 도시문제 157, 대한지방행정공제회, 1979.9, 66-71쪽.

이상록, 1960~70년대 비판적 지식인들의 근대화 인식, 역사문제연구 18, 2007, 215-251.

이숭녕, 미국교육제도도입의 비현실성, 신동아 223, 1976.4, 69-73쪽.

이영미, 동백아가씨는 어디로 갔을까, 인물과사상사, 2017.

일본 문부성 지음, 형진의 · 임경화 옮김, 「국체의 본의」를 읽다, 어문학사, 2017.

일봉정태수박사회갑기념논총간행위원회, 『한국교육정책개발사(1975-1984)』, 예지각, 1991.

임혁백, 유신의 역사적 기원 : 박정희의 마키아벨리적인 시간(상), 한국정치연구 13(2), 14(1), 2004, 223-258쪽.

임혁백, 유신의 역사적 기원 : 박정희의 마키아벨리적인 시간(하), 한국정치연구 13(2), 2005, 115-146쪽.

장인성, 메이지유신 현대 일본의 출발점, 살림, 2015(6쇄).

주삼환, 고등교육연구, 한국학술정보, 2006.

채성주, 유신체제하의 고등교육개혁에 관한 연구, 교육행정학연구 21(3), 2003, 317-336쪽.

최열곤, 하술진흥정책의 수립과 그 법제화, 『한국교육정책개발사(1975-1984)』, 예지각, 1991, 45-65쪽.

최정기 외, 「민주화운동 연구보고서 2005 : 민주화운동관련 사건·단체사
전편찬을 위한 기초조사연구 보고서- 광주전남지역」, 민주화운동기
념사업회, 2005.

최종선, 산자여 말하라 : 고 최종길 교수는 이렇게 죽었다, 공동선, 2001.

친일인명사전편찬위원회, 친일인명사전, 민족문제연구소, 2012.

학술단체협의회 기획, 배성인 외 공저, 유신을 말하다, 나름북스, 2013.

한신대학교 기록정보관, 『너와 나, 함께 가는 세상- 한신대학교 개교 70주
년기념 민주화운동자료집』, 한신대학교 기록정보관, 2010.

한홍구, 역사와 책임, 한겨레출판, 2015.

한홍구, 유신, 한겨레출판사, 2014.

한홍구, 한홍구의 유신과 오늘 (23) 뇌물바구니 영남대 : '교주 박정희'는 1
원이라도 내셨는가, 한겨레신문 2012.12.29.

허은, 불신의 시대, 일상의 저항에서 희망을 일구다, 《한국현대생활문화사
1970년대》, 창비, 2016, 13-31쪽.

허은, 1960년대 후반 '조국근대화' 이데올로기 주조와 담당 지식인의 인식,
사학연구 86, 2007, 247-291쪽.

저자 이경숙__ 경북대학교 강사

경북대학교에서 '지역문화연구 사람대사람' 팀원들과 함께 교육학을 공부했다. 『시험국민의 탄생』(2017), 『청춘, 시대를 깨우다 : 경북대학교 학생운동사』(2017, 공저) 등의 책을 썼고, 『교사는 지성인이다』(2000), 『교실을 위한 프레이리』(2015, 공역) 등의 책을 옮겼다.

경북대 인문교양총서 ㉖

유신과 대학

초판 인쇄 2018년 6월 20일
초판 발행 2018년 6월 27일

지은이 이경숙
기 획 경북대학교 인문대학
펴낸이 이대현
편 집 홍혜정
디자인 안혜진
마케팅 박태훈 안현진

펴낸곳 도서출판 역락
주 소 서울시 서초구 동광로 46길 6-6 문창빌딩 2층
전 화 02-3409-2060(편집), 2058(마케팅) 팩 스 02-3409-2059
등 록 1999년 4월 19일 제303-2002-000014호
전자우편 youkrack@hanmail.net 홈페이지 www.youkrackbooks.com
역락블로그 http://blog.naver.com/youkrack3888

ISBN 979-11-6244-218-0 04300
      978-89-5556-896-7 세트